초고령사회
일본이 사는 법

초고령사회 일본이 사는 법

10년 앞선 고령사회 리포트

김웅철 지음

매일경제신문사

이 책은 저자가 언론인으로, 도쿄 특파원으로, 일본 연구자로 20년 넘게 관찰해온 초고령사회 일본의 모습을 소개하고 있다.

바뀌어가는 거리, 초고령사회를 살아가는 액티브 시니어, 간병과 돌봄, 속속 등장하는 신新비즈니스 등은 앞으로 하나둘씩 우리 사회에 나타날 모습들이다. '진면교사眞面教師'로뿐만 아니라 일부는 '반면교사反面教師'로도 참고해야 할 모습들이다.

초고령사회를 살아가는 품격 있는 삶의 지혜를 얻고자 하는 개인은 물론 복지 문제를 고민하는 정책 당국자, 새로운 사업 기회를 찾는 기업인들에게 일독을 권한다.

강창희 행복 100세 자산관리연구회 대표, 전 미래에셋그룹 부회장

복지 분야 베스트셀러 《초고령사회 일본에서 길을 찾다》로 한국 사회가 인구 고령화 문제를 어떻게 풀어나가야 할지에 대한 방향을 제시한 저자가 이번에는 《초고령사회 일본이 사는 법》을 통해 우리보다 먼저 초고령사회를 살아가는 '유쾌한' 일본 시니어들의 일상과 인간의 존엄 및 품격을 지키기 위해 최선을 다하는 돌봄 현장 이야기를 생생하게 전해준다.

이 책이 노후가 불확실하고 장수가 두려운 대한민국 많은 시니어들의 고민과 불안을 해소하는 데 큰 도움을 줄 것으로 확신한다. 초고령사회의 위기를 기회로 전환하기 위해 고군분투하는 정책 담당자 및 기업인에게도 통찰과 혜안을 제시해줄 것이다.

박영란 강남대학교 실버산업학과 교수,
국제제론테크놀로지학회 부회장, 저출산고령사회위원회 민간위원

스타벅스 치매카페, 디맨드(Demand) 교통, 반려동물 요양원과 펫 전용 앰뷸런스, 40년 만의 상속세 개혁, 치매 머니(Money), 메디컬 피트니스… 노인대국 일본에서 등장했지만 아직 국내에서는 익숙지 않은 표현이나 사회 현상들이다.

일본은 한국보다 20년가량 앞서 고령화를 경험하고 있고, 세계 최초로 초고령사회에 진입한 나라이다. 고령화에 관한한 '살아 있는 인류학 교과서'라고 할 수 있다.

일본의 고령화에서 우리는 무엇을 봐야 할까. 이 책에 그 질문에 대한 답이 담겨 있다. 시니어 비즈니스에 관심 있는 사람에게도, 한국 고령화의 미래를 가늠하고 싶어 하는 사람에게도, 초고령화로 인한 사회적 비용을 줄이고자 고민하는 정부 관계자들에게도, 노후 준비를 위해 연금 투자 중인 사람들에게도 이 책은 다양한 아이디어와 읽는 재미를 선사하고 있다.

이상건 미래에셋투자와연금센터 센터장, 《부자들의 개인 도서관》 저자

1부   예고된 미래, 초고령사회의 신풍경

⋮ 함께 그리고 천천히

● 초고령사회 신풍경

2부　유쾌한 시니어가 온다

3부 | 간병의 품격

진화하는 일본 요양원

⁝ 치매 없는 치매 대국

4부 | 시니어 비즈니스 본 막이 오르다

⁝ 역발상과 현장 속에서 창출되는 뉴 마켓

약 5년 전, 이 책의 전편 격인《초고령사회 일본에서 길을 찾다》를 출간하면서 머리말에 칠순을 맞이한 아버지 이야기를 소개했습니다.

"2000년대 초반의 일입니다. 신문사 특파원 일을 하고 있어서 부친 칠순 잔치를 도쿄에서 치렀습니다. 그때 아버지는 두 번의 충격을 받았습니다. '내 나이도 70, 인생 다 살았구나!'라는 허망함을 안은 채 아들 집을 찾았는데, 웬걸 주변 노인들이 죄다 80 이상이고 90을 넘긴 할머니들도 한 집 건너한 명쯤 있는 겁니다.

현지의 대중목욕탕을 다녀오신 아버지는 이번에는 탕 속할아버지들의 미끈한 몸을 보고 또 한 번 충격을 받았습니다. 그 사건 이후 몇 년 동안 부친은 나이 얘기를 꺼내지 않았습니다."

당시 70세였던 부친이 지금은 90세를 바라보고 있습니다. 이제는 침대에서 일어나 화장실 가는 것도 힘겨워합니다. 필자는 노인 간병에 대해 좀 안답시고 장기 요양 등급을 신청하고, 아버지 침실에 이동형 변기도 갖춰놨지만 간병의 현실이 녹록지 않음을 절감하고 있습니다.

이전 책《초고령사회 일본에서 길을 찾다》에 일본의 다양한 고령화 대응들을 소개하면서, 첨단기술이 간병 문제를 해결하고 '액티브 시니어'의 등장으로 곧 신新고령사회가 다가올 것처럼 전망했습니다.

지금은 그때의 예견이 어설펐음을 반성합니다. 고령사회에 대해 공부하면 할수록 인류가 처음 경험하는 초고령화 현상은 대증요법과 같은 정책이나 기술로는 해결할 수 없음을 새삼 깨닫습니다.

그렇다고 반성만 하고 있을 수는 없습니다. 2025년이면 우리나라도 '초고령사회'에 진입합니다. 초저출산 상황을 서둘러 해결하지 않으면 수십 년 후 한국이 소멸한다고 걱정하는데, 초고령화에 빨리 대응하지 않으면 우리 사회는 당장 큰 어려움에 처할 수 있습니다.

일본의 대응이 정답이 될 수는 없습니다. 그렇지만 2000년 초부터 20여 년간 이어온 일본의 고령사회에 대한 고민과 대처에는 우리가 눈여겨봐야 할 부분이 꽤 많습니다. 일본의 고령화율(전체 인구에서 65세 이상이 차지하는 비율)은 2022년 29.1%에 달했습니다. 75세 이상 초고령자도 2,000만 명을 넘어섰습니다. 세계 최고령국 일본이 어떻게 이 문제를 풀어가고 있는지 궁금하지 않습니까?

초고령사회 일본을 보고 있노라면 크게 두 가지 현상에 눈길이 갑니다.

하나는 새로운 문화의 출현입니다. 노인들만의, 고령자 중심의 문화가 아닙니다. 중장년층과 젊은 층의 가치관과 생활습관의 교집합이 커지면서 전 세대가 한데 어우러지는 사회 분위기가 생겨나고 있습니다.

또 하나, 고령화 정책과 기술이 좀 더 정교해지고 고령 친화적으로 진화하고 있는 점입니다. 과거의 대응이 탁상에 머물렀다면 지금 일본의 대응은 현장으로 깊게 들어가고 있습니다.

이 책은 일본의 이 같은 변화와 도전의 사례들을 꼼꼼히 담았습니다.

먼저 '함께, 천천히'는 고령사회를 지속 가능하게 하는 핵심 키워드입니다.

치매 고령자와 가족, 지역 주민들이 한데 모여 교류하는 치매카페가 지역 곳곳에 있습니다. 버스 노선이 폐지되면서 발이 묶인 고령자를 위해 상점가 주인들이 힘을 합쳐 버스와 택시의 중간 형태인 AI택시를 운행합니다.

고령자들이 초조해하지 않도록 슬로 계산대를 설치한 대형 마트가 있고, 고령자의 짝꿍이 되어 휴대폰 조작이나 IT기기 사용법을 가르쳐주고 말동무도 돼주는 젊은 대학생들이 있습니다.

이 책은 중년 히키코모리의 '서바이벌 전략'을 짜고, 고령 직원을 위한 업무 매뉴얼을 만드는 등 고령사회를 위한 일본의 정책적인 대응들도 소개하고 있습니다.

간병에도 품격이 필요합니다.

'버스가 오지 않는 정류장'을 만들어 치매 환자들의 배회를 예방하는 요양원이 있습니다. 첨단 배설 처리 장치는 배설 케어로 인한 고령자 당사자와 간병 가족의 심적, 신체적 고통을 완화해줍니다.

병원과 요양원을 하나로 합친 의료·간병 복합체가 있고, 마을 전체가 하나의 병원이 되어 혼자 사는 고령자들의 재택 간병을 실현하는 커뮤니티 케어 도전기도 배워볼 만합니다.

활기찬 고령사회는 유쾌한 시니어가 만들어갑니다.

일본에는 평균 연령이 60세가 넘는 어른 대학이 있습니다. 시니어 대학생들은 또 한 번의 학창 시절을 만끽합니다. 한때 젊음을 분출했던 시내 번화가로 귀환한 시니어들이 젊은이들의 공간에 스스럼없이 녹아듭니다. 유쾌한 시니어는 온라인 커뮤니티에서 여행과 취미를 함께하고, 인생의 마무리도 주체적으로 준비합니다.

초고령사회는 기존에 없던 새로운 비즈니스를 만들어내고 있습니다.

일본 편의점은 고령자들의 생활 인프라로 정착된 지 오래입니다. 편의점이 시니어 고객을 잡기 위한 격전지가 되고 있을 정도입니다.

피트니스와 의료가 결합한 메디컬 피트니스는 예전에 없던 새로운 건강수명 비즈니스입니다. 성인 기저귀 쓰레기를 땔감으로 재再자원화하는 중소기업은 해당 기술을 중국 등 해외로 수출하는 성과를 내고 있습니다.

책에서 소개한 사례 중에는 우리에게 생소하거나 이질적인 것들도 있습니다. 하지만 이런 사례들이 출현하기까지의 과정을 들여다보면서 그 속에 숨어 있는 생각과 고민을 추적

해보는 시도는 의미가 있다고 생각합니다. 이 책이 그 중계 역할을 할 수 있다면 기쁘겠습니다.

책을 세상에 내놓을 때마다 겁이 많아집니다. 그럼에도 매 경출판 허연 대표님과 편집자의 응원 덕분에 다시 한번 용기를 냈습니다.

직장을 다니면서 책을 낸다는 것은 가족의 희생과 배려를 필요로 합니다. 취업과 대학이라는 크나큰 도전에 나서는 아들 준과 딸 민에게 고마움과 함께 응원을 보냅니다. 마지막으로 필자의 출간 작업은 사랑하는 아내, 번역가 김지영과의 공동 작업임을 밝혀둡니다.

예고된 미래, 초고령사회의 신풍경

함께 그리고 천천히

스타벅스, 치매와 만나다
치매 가족들의 마을 거점 '스타벅스 치매카페'

초고령사회 일본에는 '치매카페'라는 것이 있다. 치매와 관련된 사람들이 모여서 담소를 나누는 곳이다. 치매 환자와 그 가족, 간병인 그리고 전문가와 지역 주민들이 함께 모여 차를 마시거나 간단한 식사를 하면서 서로의 고민을 털어놓고 정보도 공유한다. 치매를 특별한 것이나 기피 대상으로 여기지 않고 주변의 일상사로 받아들이려는 일본 사회의 노력 가운데 하나이다.

2012년 일본 정부의 '치매 정책 5개년 계획'에 2025년까지 일본의 전 시·읍·면에 치매카페를 설치한다는 목표가 명기되면서 치매카페는 빠르게 늘어났다. 일본 후생노동성에 따르면 일본 전국에 7,900여 개의 치매카페가 운영되고 있다.

그동안 치매카페는 주로 지역의 공공시설이나 빈 가게를 활용해 운영돼왔는데, 요즘 들어 새로운 분위기의 치매카페가 등장하고 있다. 그중의 하나가 '스타벅스 치매카페'이다. 세계적인 커피 체인 스타벅스가 지역 내 치매카페 역할을 하면서 일본 매스컴의 주목을 받았다.

도쿄東京 서남쪽 외곽지역인 마치다町田시. 이곳에는 D-카페라는 푯말이 붙은 스타벅스 매장이 8곳이나 있다. D-카페란 치매를 뜻하는 영어 Dementia의 앞 글자를 딴 것으로, 마치다시는 치매카페를 D-카페로 부르고 있다. 이곳의 스타벅스 치매카페는 오전 10시부터 정오까지 운영된다. 8곳의 스타

일본 도쿄 외곽지역 마치다시의 한 스타벅스 매장. 마치다시는 스타벅스와 손잡고 마을 8개 매장에 '치매카페'를 개설해 운영하고 있다.

출처: 마치다시 홈페이지

벅스가 순번을 정해 매달 1회씩 치매카페를 순환 운영한다.

　스타벅스 치매카페에 특별한 프로그램이나 이벤트가 있는 것은 아니다. 고령의 치매 환자들이 가족과 함께 스타벅스를 찾아 커피나 음료 등을 즐기면서 잠시나마 일상의 여유를 즐긴다. 같은 고민거리를 가진 사람들이 모이다 보니 다른 테이블과의 교류도 자연스럽다. 이곳에서는 치매 환자 고객을 따로 구분하지 않는다. 이들이 일반 손님과 자연스럽게 섞이고 어울리면서 치매에 대한 지역 주민들의 이해가 높아지는 효과를 기대하고 있다.

　스타벅스 치매카페와 다른 치매카페의 차이점은 역시 '스타벅스'라는 브랜드 파워다. 스타벅스라는 브랜드 이미지 덕분에 치매 환자나 가족들이 적극적으로 카페를 찾는다고 한다. 기존의 치매카페는 '치매'라는 이미지 구분이 강해 부담감을 준 반면 스타벅스 치매카페는 보통의 카페를 즐긴다는 느낌이 강하다는 것이다.

　마치다시 스타벅스 치매카페의 출현은 치매카페를 기획하던 한 NPO 법인(일본의 지역 밀착형 사회적 기업)의 아이디어와 한 스타벅스 점장의 의지가 일치하면서 성사됐다. 2016년 초 치매카페 설치를 추진하던 한 NPO 법인이 치매 환자나 가족들의 의견을 들어보니 "딱딱한 분위기의 공공장소보다는 동네 카페 같은 편안한 곳이면 좋겠다", "이왕이면 스타벅스 같은 곳이면 좋겠다"는 얘기가 많아 스타벅스 치매카페를 추진하게 됐다고 한다.

마침 당시 한 스타벅스 매장의 점장도 지역 고령자들을 도울 수 있는 지역 봉사활동 프로그램을 찾고 있었다. 스타벅스 매장들은 사회공헌 활동의 하나로 '커뮤니티 커넥션' 프로그램을 진행하고 있었는데, 활동 내용은 주로 지역 어린이를 위한 바리스타 체험, 동네 청소 등이 대부분이었다. 이 점장은 "우리 지역 주민의 상당수가 할머니, 할아버지인데, 이분들을 응원할 수 있는 프로그램이 없어 아쉬웠다"고 했다. 양측 의견이 일치하면서 곧바로 그해 7월 26일 스타벅스 치매카페 1호점이 문을 열었다. 치매 가족과 주민들의 반응이 좋아 스타벅스 치매카페는 8개까지 빠르게 늘어났다.

스타벅스 치매카페 직원들은 치매 관련 교육을 이수하고 치매 서포터즈 자격증을 취득한다. 치매카페 직원 손목에는 서포터즈에게 주는 오렌지 링이 채워져 있다. 요즘 스타벅스 치매카페에서는 치매 환자 고객들의 작품 사진이 전시되기도 하고, 치매 환자나 가족의 콘서트가 열리기도 한다. 이를 위한 음향 설비를 갖춘 곳도 있다.

마치다시는 스타벅스 치매카페가 단순한 이벤트가 아닌 고령화에 대한 지역 커뮤니티의 새로운 도전이라고 강조한다. 치매카페를 '특별한 장소'가 아닌 '일상의 장소'로 바꿔 치매 환자나 가족 그리고 지역 주민들이 부담 없이 찾아가 서로 교류할 수 있는 공간이 되길 기대한다는 것이다. 최근 일본에서는 스타벅스 이외에 세계적인 햄버거 체인 맥도널드의 일부 매장에서도 치매카페를 기획하는 등 유명 식음료 체인점으로 치매카페가 확산되는 분위기다.

일본의 치매 인구는 2021년 기준 630만 명을 넘는다. 일본 〈고령사회백서〉에 의하면 2025년에는 730만 명을 넘어 고령자 5명 중 1명이 치매를 겪을 것으로 전망하고 있다. 이에 일본 정부는 2012년부터 '오렌지 플랜'이라는 치매 5개년 계획을 만들어 치매에 적극적으로 대응하고 있다. 특히 2015년에는 두 번째 치매 5개년 계획인 '신新오렌지 플랜'을 발표했는데, 여기에는 치매 가족 지원과 치매 환자의 사회화 교류 등을 내용으로 하는 치매카페 설치가 핵심 과제로 명시되어 있다.

AI택시, 고령자의 일상을 바꾸다
버스와 택시의 장점만 딴 '주문형 교통'의 등장

초고령사회 일본에서는 노선버스가 폐지돼 일상생활에 불편을 겪는 노인들이 많다. 주로 지방 도시나 시골 마을에서 그렇지만, 최근에는 대도심 인근에서도 이런 현상이 일어나고 있다. 일본 〈교통정책백서〉에 따르면 2010년부터 2020년까지 폐지된 버스의 노선 총 길이는 무려 1만 3,845㎞, 일본에서 남미 과테말라까지 갈 수 있는 거리라고 한다.

일본 교통당국은 고령자들의 운전으로 인한 교통사고를 막기 위해 면허 갱신 때 신체검사를 강화하는 등 고령자 면허 반납을 적극 유도하고 있다. 그러면서 한편으로는 승객 감소로 적자에 시달리는 공공 노선버스를 줄일 수밖에 없는 현실이 초고령사회 일본이 안고 있는 교통의 딜레마다.

이런 문제를 해결하기 위해 2000년대 중반부터 일본 지자체들은 노선버스를 대체하는 '커뮤니티 버스community bus'와 '디맨드demand 교통'이라는 새로운 개념의 교통수단을 도입하기 시작했다. 커뮤니티 버스라는 이름은 지역 주민이 함께 이용하는 버스 안에서 자연스럽게 주민들의 커뮤니티가 형성된다는 뜻에서 붙여졌다. 예약을 통한 주문형 교통이라는 뜻에서 디맨드 교통이라는 이름이 붙었다.

이 교통수단은 정해진 시각과 정류장을 이동하는 노선버스와 달리 승객들의 예약이 있을 경우 거기에 맞춰 운행하는 예약제 합승 이동 서비스이다. 버스와 택시의 중간 형태라고 생각하면 된다. 고령자나 장애인 등 이른바 '이동 약자弱者'들의 대체 이동 수단으로 활용되고 있다. 2022년 닛세이기초연구소가 2020년 〈국토정책백서〉를 분석한 자료에 따르면 2018

고령자의 일상을 바꾼 AI택시   출처: 초이소코 홈페이지

년 시점 전국 지자체의 30%에 달하는 555곳에서 디맨드 교통
시스템이 운영되고 있는 것으로 나타났다.

　하지만 디맨드 교통의 성과는 지자체의 기대에 미치지 못
했다는 평가가 많다. 승객이 많지 않은 지역을 운행하고 있어
이용객 확보가 제대로 되지 않고, 낮은 운임으로 인해 수익성
이 담보되지 않아 디맨드 교통의 지속 가능성에 문제가 제기
돼왔다. 실제로 이용객이 거의 없어 디맨드 교통의 적자는 눈
덩이처럼 불어났고, 예산 부담으로 운행을 중단하는 지자체
도 나오고 있는 실정이다.

　이런 상황에서 새로운 방식의 디맨드 교통 시스템이 출현
해 일본 교통당국과 지자체의 기대를 불러 모으고 있다. AI(인

공지능) 기술과 새로운 마케팅 기법으로 교통 딜레마를 해결하겠다고 나선 곳이 있는데, 도요타자동차 계열사로 내비게이션 기술 전문업체인 (주)아이신 정기アイシン精機(이하 아이신)가 그 주인공이다.

아이신은 2018년 AI 기반 온 디맨드On Demand 합승택시 서비스인 초이소코チョイソコ를 개발해 선보였다. 실증 실험을 거쳐 2021년부터 정식 운행을 시작했다. 지자체들은 초이소코의 비즈니스 모델에 큰 관심을 보였고 현재 전국 30여 개 지자체에서 시범 또는 정식 운행되고 있다.

초이소코 운용 시스템을 소개하면 이렇다. 지역마다 운용 방식이 조금씩 차이가 있지만 아이치愛知현 도요아케豊明시의 초이소코 운용 시스템을 보면, 하루 운행 시간은 평일 오전 9시부터 오후 4시까지 두 대의 9인승 왜건형 차량이 운행한다. 운임은 1회 승차에 200엔. 등록한 회원만 이용할 수 있다.

운행 방식은 이용자가 사전 예약하면 아이신의 자동 배차 시스템에 의해 같은 시간대에 같은 방향으로 향하는 승객들을 분류해 그룹핑하고, 이에 맞춰 주행 경로가 자동으로 설정된다. 사전 예약은 인터넷 홈페이지나 스마트폰 앱을 이용하거나 접수센터에 전화로 할 수 있다. 현재 접수의 99%가 전화 예약이라고 한다. 이용자가 대부분 고령자여서 디지털 장벽이 높기 때문이다. 회원 수는 1,868명(2021년 1월 말 기준)이며

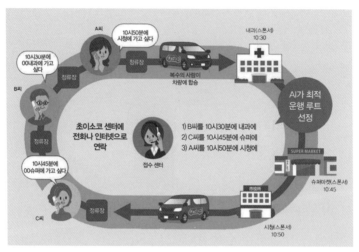

초이소코 운용 시스템   출처: (주)아이신 정기 홈페이지

90%가 65세 이상 고령자다.

여기까지만 보면 기존의 디맨드 교통과 큰 차이는 없다. 하지만 초이소코 AI택시가 주목을 받는 이유는 초이소코만이 갖고 있는 세 가지 경쟁력 때문이다. AI 기술을 활용한 운용 시스템, 지역 기업들의 협찬을 기반으로 하는 수익성, 서비스의 다양화를 통한 수익 다각화가 그것이다.

먼저 AI 기반 운용 시스템. 아이신은 도로 환경이나 과거의 주행 데이터 등을 기반으로 자체 개발한 AI 시스템이 최적의 운행 루트를 선정한다. 지역마다 다른 도로 사정을 세밀하게 사전 조사하고, 실시간 변하는 교통 흐름에 즉각적으로 대응한다. 자동차 내비게이션 제조업체인 아이신의 고도의 시스템이 활용된다. 아이신의 첨단 배차 시스템은 고령자가 대부분인 회원들이 정류소에서 오랜 시간 기다리는 불편을 최소화한다.

초이소코의 또 하나의 강점은 수익성이다. 이 부분이 다른 디맨드 교통과 가장 큰 차이점으로 꼽힌다. 초이소코 정류장은 여타 디맨드 교통과는 조금 다른 방식을 도입하고 있다. 고령자들의 거주지 인근, 지역 공공시설, 공원 이외에 슈퍼, 약국 등 지역 상업시설과 의료기관에 정류장을 배치한다.

정류장이 설치된 상업시설과 병원 등은 초이소코의 스폰서로 등록, 협찬금을 낸다. 스폰서에 정류장을 둠으로써 고령자의 집객 효과를 노리는 구조인데, 스폰서에는 주로 병원, 클리닉 등 의료기관이 많고 약국, 온천, 호텔 등이 참여하고 있다. 도요아케시 초이소코에는 시청 등 공공시설, 의료기관, 금융기관, 소매점, 휴게시설 등 수십 개의 스폰서가 협찬금을 내고 있다. 초이소코 통신이라는 홍보지를 발행해 스폰서 기업들을 교통 이용자에게 홍보하고, 또 아이신과 스폰서가 함께 고령자들의 관심을 끌 만한 마케팅 이벤트를 기획해 실시하고 있다. 일례로 스폰서 매장 내에서 고령자를 위한 매직쇼를 진행하기도 한다.

수익성 개선을 위해 차량 운행도 지역 택시회사에 위탁,

고정비용을 줄이고 있다. 지역 택시조합에 사업을 위탁하는 것은 초이소코 운행으로 인한 해당 택시조합과의 마찰을 피하고 '공생'하기 위해서라고 한다. 물론 지자체의 보조금도 주요 수익원인데 도요아케시는 연간 1,600만 엔을 지원하고 있다.

승객의 안정적 모객과 수익원을 다양화하기 위한 서비스 다각화도 초이소코만의 경쟁력이다. 먼저 초이소코를 플랫폼으로 하는 서비스를 추진하고 있는데, 코로나19 당시 경영난으로 힘들어하던 음식점을 지원하는 음식택배 '메시 클루' 서비스를 하기도 했다. 한 번에 50인분까지 대량 수송이 가능한 점은 우버 이츠 등 여타 식사 배달 서비스에는 없는 장점이다. 2021년 10월부터는 고령자 돌봄 서비스 '초이 토크'를 시작했다. 접수 콜센터의 오퍼레이터가 주 1회 회원 고령자에 안부 전화를 걸어 대화를 나누는 서비스다. 사전에 입수한 가족들의 근황을 전달하기도 한다.

초이소코는 '잠깐 그곳까지 함께하겠습니다'라는 일본어를 축약한 용어다. 서비스의 본래 목적인 고령자의 외출을 촉진해 건강을 증진하고, 이를 통해 지역 의료 및 간병비를 줄이려는 공공재 서비스다. 따라서 각 지자체가 예산을 들여 보조금을 지급하고 있다.

지역 고령자의 건강 증진이라는 공공적 성격을 띠지만 기업 아이신에는 새로운 미래의 수익사업이기도 하다. 초이소코 서비스를 받는 고령자는 저렴한 가격으로 이동의 편리성을 확보하는 이점이 있다. 일석삼조인 셈이다. 도요아케시가 2021년 초이소코 이용자 600명을 대상으로 이용과 관련한 설문조사를 실시했는데, 초이소코를 이용한 것이 계기가 돼 다시 외출하게 됐다는 응답자가 전체의 20%를 넘었다고 한다.

장 보기, 묘지 청소, 산보 동행, 취미 상대까지 진화하는 가사 대행 서비스

도쿄 외곽의 한 맨션에서 혼자 살고 있는 유코 할머니. 올해 83세 생일을 맞이한 유코 할머니는 화요일 아침을 손꼽아 기다린다. 매주 이때는 요리 대행 전문 도우미와 함께 식사를 마련하는 시간이다.

아침 8시, 유코 할머니 집을 찾은 여성 도우미는 먼저 할머니의 몸 컨디션을 체크한다. 별다른 이상이 없으면 이날 만들 점심 메뉴를 정한다. 메뉴가 결정되면 여성 도우미는 유코 할머니와 함께 가까운 마트로 장을 보러 간다.

식재료를 구입해 돌아온 여성 도우미는 본격적으로 요리를 시작한다. 유코 할머니는 곁에서 간단한 허드렛일을 도와준다. 여성 도우미는 아침에 사온 식재료뿐만 아니라 유코 할머니 냉장고에 들어 있는 재료들을 최대한 활용해 오늘의 요리를 완성한다. 요리는 맛도 맛이지만 여러 가지 영양 밸런스가 고려된 건강 식단이다.

메인 요리로 끝이 아니다. 냉장고 안을 꼼꼼히 살핀 여성 도우미는 서브 메뉴를 만들기 시작한다. 오이, 버섯, 생선 등을 재료로 사용해 절임과 구이 등 여러 가지 반찬을 만든다. 대략 일곱 가지 정도를 만들어 일주일간 먹을 수 있게 냉장고에 보관해둔다.

뒷정리까지 모두 마친 중년의 여성 도우미가 이날 오전 유코 할머니 집에 머문 시간은 3시간 남짓. 유코 할머니의 화요일 식사 이벤트는 프리미엄 가사 대행 서비스를 제공하는 카지CaSy(가사라는 뜻의 일본말)의 정기 요리 대행 서비스 상품이다. 여성 도우미는 카지에서 파견한 영양사 자격증을 보유한 요리 전문사이다.

유코 할머니는 몇 년 전까지만 해도 혼자서 식사를 준비했다. 요리를 좋아하는 그에게 식사 준비는 즐거운 시간이었다. 하지만 80세가 넘은 후부터 해가 갈수록 요리는 간소해졌고 그러다 보니 먹는 양도 줄었다. 이를 걱정한 자녀들이 요리 대행 서비스 이용을 권유했고 이후 유코 할머니도 제대로 된 식사를 다시 즐기게 됐다.

프리미엄 가사 대행 서비스 업체 카지는 요리 재료 구입에서부터 잔반 만들기까지 질 높은 요리 대행 서비스를 제공한다.

출처: 카지 홈페이지

　일본은 이미 2015년 80세 이상 인구가 1,000만 명을 넘어섰다. 개인 차이는 있지만 후기고령자인 75세를 넘기면 생활의 질에 영향을 줄 정도로 체력이 떨어진다. 80세가 넘으면 그 비율이 급격히 상승하는데, 4명 중 1명이 근육량과 신체 기능이 저하되는 '사르코페니아' 의심자라고 한다. 이처럼 남의 도움 없이 고령자가 오롯이 혼자서 일상생활을 영위하는데 80세의 벽은 결코 낮지 않다. 이를 극복하고자 체력을 기르는 근육 트레이닝을 하는 것도 좋지만, 힘든 일들은 무리하지 말고 남에게 맡기는 요령도 필요하다. 그중의 하나가 가사 대행 서비스를 이용하는 것이다.

가사 대행에 대해 이 같은 인식이 확산되면서 일본에서는 관련 서비스가 빠르게 진화하고 있다. 집 청소는 물론이고 장보기, 요리 대행, 정리 정돈, 묘지 청소 등 일상과 밀접한, 사실상 모든 가사 일을 대신해주고 있다. 몸을 쓰는 일을 넘어 산보 같이 하기, 말상대 해주기, 바둑 대전 해주기 등 심적 도우미 역할까지, 가사대행 서비스의 영역은 크게 확대되고 있다.

인기 급상승 중인 서비스가 요리 대행 서비스이다. 나이가 들면 악력이 떨어져 딱딱한 당근이나 호박을 써는 일도 쉽지 않다고 한다. 식사 준비 대행 서비스는 식재료 준비에서부터 설거지까지 일체의 요리 대행을 해준다. 카지의 홍보담당자는 현지 언론과의 인터뷰에서 "고령자들 사이에서 다양한 반찬을 만들어주는 서비스에 대한 니즈가 많다"고 말했다.

다음으로 수요가 많은 게 청소 대행이다. 고령자의 결정적인 신체적 약점은 무릎과 허리이다. 집안의 욕실 곰팡이를 제거하는 일이나 화장실 청소는 하는 사람의 무릎이나 허리에 부담을 준다. 대표적인 청소 대행 서비스업체 베어즈Bears는 욕실이나 화장실, 부엌, 거실 등을 중심으로 월 2~3회, 하루 3시간 반 정도 청소 서비스를 해준다. 월 2회 정기 이용, 1회 3시간 기준으로 9,900엔(교통비 별도)도 만만치 않은 가격이지만 "집안 구석구석 깨끗해지면 몸도 마음도 날아갈 듯이 가뿐해진다"라며 고령자들이 꽤 만족한다고 한다. 베어즈는 청소뿐만 아니라 이불 등 세탁물 널기, 불용품 처분, TV같이 무거운 물건 이동 등 몸놀림이 가볍지 않은 80대 고령자들의 세세한 일상사를 도와준다. 10분에 1,200엔이며 기본 출장비는 2인 기준으로 1,000엔이다.

'사쿠라 서비스'는 성묘 대행 서비스로 유명하다. 명절 성묘 대행과 묘지 청소를 하나로 한 세트 상품을 판매하고 있다. 합장 예배, 공물 헌납, 묘석 등 주변 장식품 청소, 잡초 제거, 꽃 물갈이, 선향 제공 등의 일을 대신해준다. 작업 전후의 사진을 찍어 고령자 고객의 메일로 보고한다. 세트 상품은 시기에 따라 다르지만 평균 묘 하나당 8,000엔 정도다.

장 보기 등 구매 대행 서비스도 최근 증가하고 있는 서비스 가운데 하나이다. 80세 이상이면 자동차 운전면허를 반납하는 이들이 꽤 된다. 집 주변에 마트가 없으면 이들은 이른바 '구매난민'이 된다. 2015년 경제산업성 조사에 따르면 60세 이상 구매 약자는 전국 700만 명에 이른다는 통계도 있다.

구매 대행 서비스를 하는 크라우드 케어는 슈퍼마켓이나 편의점 등에서 식료품과 일용품을 대신 사다준다. 한 곳당 서비스 요금은 500엔(교통비 별도). 구매 대행 중에서도 가장 인기가 있는 항목이 가전 구입 대행이다. 고령자들은 갈수록 다양한 기능이 생기는 가전제품 사용법을 숙지하기 힘들 뿐더러 제품 설명을 이해하기가 어려워 가전 구입을 망설인다. 이 같은 고령자들을 대상으로 하는 시간당 3,000엔의 가전 구매 대행 서비스가 인기다. 가전 구매부터 설치까지 도와준다.

일본의 가사 대행 서비스는 신체적인 지원을 넘어 심적인 부분으로까지 확산되고 있다. 가사 대행 전문회사 '더스킨Duskin'은 최근 산보 동행에서부터 말상대까지 해주는 가족 대행 서비스인 '더스킨 라이프케어'라는 신상품을 선보였다. 고령자 고객들은 가족에게 말 못하는 속사정까지 도우미와 편하게 이야기할 수 있어 스트레스 발산 효과가 크다고 업체 관계자는 말한다. 서비스 가격은 월 8시간 이상 이용하는 것을 기준으로 1회 2시간 7,000엔(교통비 별도)이다.

이 밖에 노안老眼 때문에 잡지나 신문을 읽기 힘든 고령자들을 위한 음독 서비스도 늘어나고 있다. 새로운 정보나 지식을 자주 접하면 젊어지는 기분까지 느껴 고령자들의 정신 건강에 이롭다. 장기나 바둑을 좋아하는 할아버지들을 위한 대전對戰 상대를 대행하는 서비스도 있다. 이처럼 일상생활의 소소한 곤란을 대행 서비스로 해결해주는 곳이 속속 생겨나고 있다. 손이 닿지 않은 가려운 곳을 긁어주는 서비스도 출현했을 정도라고 하니, 가사 대행 서비스의 끝을 가늠하긴 힘들어 보인다.

편의점의 슬로 계산대
'느긋하게 천천히'는 초고령사회 핵심 키워드

"639엔입니다."

편의점 계산대의 젊은 여직원이 퉁명스럽게 말을 던진다. 할머니 손님은 서둘러 지불하려고 하지만 동전이 지갑에서 좀처럼 빠져나오지 않는다. 젊은 직원이 언짢은 표정을 짓자 할머니의 마음은 급해진다. 할머니 뒤에는 벌써 서너 명이 줄을 서서 계산을 기다리고 있다. 할머니는 바로 뒤에 서 있는 험상궂은 얼굴의 젊은이를 보니 공포감마저 밀려온다. 초조한 할머니의 손은 더욱 굳어지고 온몸에 진땀이 흐른다. 바로 그 순간! 뒤에 줄 서 있던 그 험상궂은 얼굴의 젊은이가 할머니에게 말한다.

"할머니, 혹시 초조해하신 건 아닌가요? 걱정 마세요. 아무도 화내지 않습니다. 할머니 속도대로 천천히 하세요. 주변 너무 신경 쓰지 말고 당당하게 하셔도 됩니다."

젊은이의 예상외의 친절한 말에 할머니가 대답한다.

"다른 손님들에게 폐를 끼치고 있다고 걱정했는데, 이렇게 친절한 말을 들으니 마음이 편해졌어요. 얼굴만 보고 무서운 사람일 거라고 생각했는데, 미안하네요. 저도 앞으론 색안경을 벗어 던져버려야겠어요."

할머니와 젊은이의 훈훈한 대화에 줄을 선 편의점 손님들이 웃는 얼굴로 회답한다. 계산대의 젊은 직원이 환한 표정으로 외친다. "서로를 비난하기보다 배려하고 칭찬합시다!" 할머니의 편의점 계산 스토리는 이렇게 해피엔딩으로 마무리된다.

위의 이야기는 일본공익광고협의회 AC재팬이 선정한 올해의 TV 공익광고의 내용이다. 광고 속 할머니와 젊은이의 대화가 리드미컬한 랩으로 진행되는 점이 흥미롭다. 공익광고가 전하고자 하는 메시지는 '서로에게 비난하기보다는 관용寬容을 베풀자'이다. '관용 랩'은 SNS를 타고 수백만 건 이상 재생되면서 사람들 사이에서 회자됐다. 특히 관용 랩 광고를 접한 젊은이들이 '좋아요'와 '리트윗'으로 호응했다. 랩의 리듬에 맞춰 몸을 흔들며 수화手話 통역을 하는 수화자의 모습도 재미를 더했다.

AC재팬은 매년 3,000명의 소비자를 대상으로 '공익광고에 관한 소비자 조사' 결과를 토대로 올해의 CM 캠페인을 선정하는데, 당시 올해의 테마가 '불관용의 시대－현대사회의 공공 매너란?'이었다. '각자의 처지와 생각이 다름을 수용하고, 다양한 사람들이 공존해 나가는 사회에 대해 생각해보자'는 게 CM 캠페인의 취지라는 것이 AC재팬 측의 설명이다.

고령화율(전체 인구에서 65세 이상이 차지하는 비율)이 29%를 넘어선 일본은 세계에서 가장 고령화한 나라이다. 65세 이상 인구가 3,620만 명. 그중 75세가 넘는 '초超고령자'가 절반이 넘는다(일본 국립사회보장·인구문제연구소 일본의 장래추계인구 추계). 2025년에는 단카이団塊 세대로 불리는 베이비부머가 모두 75세로 진입하면서 일본 사회의 걱정은 커지고 있다.

요즘 일본에서는 고령자 전용 계산대를 설치하는 점포들이 전국적으로 늘어나고 있다. 뒷사람을 의식하지 않고 천천히 여유를 갖고 계산할 수 있는 이른바 '느긋한 계산대'를 설치하는 유통 매장이 확대되고 있다. 후쿠이福井현의 생협이 운영하는 식품 매장 허츠Hearts는 2022년 초 고령자 전용 계산대인 느긋한 계산대를 시범 설치했는데, 반응이 좋아 2022년 4월부터 전 점포에 도입해 운영하고 있다. 느긋한 계산대 앞에는 "바쁘신 고객들은 별도의 계산대를 이용해주세요"라는 안내 배너를 설치했고 고령자 고객이 초조해하지 않고 잔돈이나 카드로 계산할 수 있도록 배려하고 있다.

점원들은 고객이 희망하면 포장지에 넣어주거나 정산하는 것도 도와준다. 허츠는 고령자 전용 계산대 운영 매뉴얼을 만들어 점원들에게 교육하고 있는데, 큰 소리로 또박또박 발음할 것, 무거운 바구니는 옮겨줄 것, 영수증은 별도로 전달할 것 등을 강조하고 있다. 느긋한 계산대에는 고령자뿐만 아니라 어린 자녀를 동반하는 고객도 여유를 갖고 이용할 수 있다

일본공익광고협의회 AC재팬의 광고 영상 캡처. "비난하기보다, 칭찬합시다"라는 광고카피가 쓰여 있다.
출처: 일본공익광고협의회 AC재팬

고 한다.

후쿠오카福岡현 유쿠하시行橋시의 유메타운 미나미유쿠하
시南行橋 지점은 '슬로slow 계산대'라는 이름의 고령자 전용 라인
을 상시 설치해 운영하고 있다. 2020년 7월부터 시범 설치해
월 2회, 오후 2시간만 운영했는데, 고객들의 호평이 이어져
2021년 1월부터 상설 가동 중이다.

이곳 유메타운의 슬로 계산대는 고령자는 물론이고 치매
를 겪고 있는 노인들도 이용한다. 직원 중 40여 명이 '치매 서
포터 양성 강좌'를 통해 치매 노인 대응법을 익혀 현장에서 활
동하고 있다. 이들은 고령자 고객들이 지불을 잘 못하거나 물
건을 잃어버리고 가더라도 지적하지 않는다. 대신 정산을 해

주거나 자연스럽게 물건을 전달해준다. 점원들의 배려 깊은 접대가 입소문을 타면서 이 점포를 애용하는 고객들이 늘어나고 있다고 한다.

고령자 나라 일본에서는 일상생활의 템포를 늦추고 있다. 느긋한 계산대는 물론이고 최근에는 파란 신호등의 점등 시간 연장, 백화점 에스컬레이터 속도나 엘리베이터 문 닫힘 속도를 늦추는 등 고령자와 함께하는 사회를 만들어가고 있다. '느긋하게 천천히'는 초고령사회의 필수 불가결한 키워드인 셈이다.

일본에는 '손자의 날'이 있다
초등생 입학 선물은 조부모 몫

일본에는 '손자의 날'이라는 기념일이 있다. 지난 1999년 일본 백화점업계(일본백화점협회)가 의기투합해 민간 기념일로 관철시켰다. 명분은 조부모와 손자의 관계를 돈독히 하자는 것이지만, 이면에는 경제력 있는 할머니·할아버지의 지갑을 열겠다는 상업적 의도가 깔려 있다.

손자의 날은 10월 셋째 주 일요일인데, 이 날짜를 선정한 배경도 흥미롭다. 일본에서는 손자의 날로부터 딱 한 달 전인

9월 셋째 주 일요일이 '경로의 날'이다. 경로의 날 자녀, 손자로부터 받았던 선물이나 축하 편지에 대한 답례를 손자의 날에 하도록 유도한 것이다. 한 달 간격으로 있는 밸런타인데이-화이트데이의 조합을 벤치마킹한 셈이다.

일본 백화점들의 상술이야 어찌 됐든 손자의 날은 일본 사회의 고령화가 진행됨에 따라 더욱 활기를 띠는 모습이다. 손자의 날이 가까워오면 백화점업계에서는 다양한 손자의 날 캠페인을 펼치면서 할머니·할아버지들의 마음을 흔들어놓는다. 백화점뿐만 아니라 장난감 등을 판매하는 완구점, 사진관 등도 다양한 손자의 날 캠페인을 실시하고 있다. 밸런타인데이가 가까워지면 백화점이나 시내 매장에 관련 상품들이 대거 진열되듯, 손자의 날에도 백화점이나 관련 매장에서는 조부모가 손자들을 위해 구입할 만한 상품이나 선물을 구성해 판매에 열을 올린다.

할머니-어머니-손녀가 함께 입는 3대 가족 티셔츠 제품이 등장하는가 하면, 한 게임업체는 수십만 원이나 하는 어린이용 태블릿 제품을 내놓고 부자 할아버지의 지갑을 공략한다. 일본 초등학생들은 대부분 입학 때 란도셀이라는 가죽 가방을 구입해 6년 내내 사용하는데, 언제부턴가 이 가방은 손자·손녀의 초등학교 입학 때 조부모가 보내는 선물의 대명사가 됐다. 실제 10명 중 7명이 란도셀을 조부모로부터 선물 받았다고 한다.

테마파크 등 놀이공원도 손자의 날은 '대목'이다. 도쿄 디즈니랜드는 조부모와 부모, 손자가 함께 즐기는 3세대 패키지 상품을 선보이는가 하면, 여행사들도 3대가 함께하는 여행상품을 계속 내놓고 있다. 이 같은 '3세대 상품'을 소비하는 주체는 할머니·할아버지, 즉 식스 포켓six pocket이다. 식스 포켓은 한 명의 아이를 위해 부모, 친조부모, 외조부모 등 6명의 어른들이 지출을 아끼지 않는다는 현상을 일컫는 것으로 손자에 대한 조부모의 씀씀이를 강조한 용어다. 손자의 날이 지정될 즈음인 1990년 후반 일본에서 등장한 용어다.

젊은 고령자들의 라이프스타일을 연구하는 신新어른연구소는 "손자의 날에 신발을 선물하자"는 캠페인을 펼쳐 눈길을 끌었다. 어린아이의 발은 3~4개월에 5㎜나 자라기 때문에 부모 입장에서는 신발 교체 비용이 만만치 않다. 그 부담을 조

"손주가 내딛는 길에, 신발을 선물하자."
출처: 신어른연구소 홈페이지

부모가 젊어지고 대신에 손자가 신발을 신을 때마다 조부모의 사랑을 느끼게 하자는 취지였다. 캠페인은 나름대로 성공하고 있는 것으로 보인다. 어린이 구두전문점 문스타Moonstar는 최근 1~2년 동안 20개의 점포를 신규 출점했고 ABC마트도 어린이 전용 점포 'ABC키즈마트'를 확대 중이다.

소니생명보험의 시니어 생활의식조사(2015년 기준, 전국 50~79세 남녀 320명)에 따르면 조부모가 손자에게 가장 해주고 싶은 선물이 '용돈·세뱃돈·축하금 등 현금'이었다(복수응답 72.5%). 다음으로 외식(53.1%), 테마파크·유원지(44.7%), 완구 게임기(42.2%), 책(37.5%), 의복 등 패션 상품(29.7%), 여행(29.4%) 순인 것으로 조사됐다.

선물의 종류도 장난감 같은 물건을 건네기보다 테마파크 관람, 국내외 여행 등 시간과 체험을 함께하는 것을 중시하는 경향이 강해지는 것으로 나타났다. 콘텐츠 회사 츠타야蔦屋가 실시한 '손자와 관련한 앙케이트 조사'에 따르면 조부모가 취학 전 손자에게 주고 싶은 선물로 장난감(남자), 현금(여자)이 1위를 차지했고, 2위는 의류, 3위는 책과 그림책(만화책 제외)이었다.

일본의 조부모들은 손자를 위해 돈을 얼마나 쓸까? 미쓰비시총합연구소가 조사한 '손자 소비'는 2015년 8월 기준으로 연간 3.8조 엔(교육비 포함)에 달하는 것으로 조사됐다.

연간 지출액도 1인 평균 11만 엔 정도로 꽤 높은 편이다(소니생명보험 2015년 조사). 물론 전체의 51.6%가 5만 엔 미만이라고 답한 것을 보면 일부 부유층이 전체 평균을 끌어올린 면도 있는 것으로 현지 언론들은 분석한다. 일본 정부는 2015년부터 30세 이하 손자들에 대한 교육자금을 1명당 1,500만 엔까지 비과세로 일괄 증여할 수 있는 파격적인 세제 혜택(교육자금 증여신탁)을 주고 있다. 부자 할머니, 할아버지들이 지갑 속에 꽁꽁 숨겨둔 돈이 손자에게로 흘러가게끔 유도하기 위해서이다. 일본 국민 개인은 2,000조 엔(2021년 9월)이나 되는 천문학적 규모의 금융자산을 갖고 있는데, 이 돈의 60%를 60세 이상이 갖고 있을 정도로 일본 고령자들은 재력이 있다.

저출산·고령화가 가속화하면서 사랑의 대상인 손자들의 수는 줄어들고 상대적으로 할머니, 할아버지들은 늘어나면서 손자 소비, 식스 포켓 시장이 커지는 것은 어찌 보면 자연스러운 현상이라고 할 수 있다. 다만 최근 일본에서는 아이가 없는 세대가 증가하고, 건강한 고령자들이 노후를 즐길 수 있는 다양한 서비스들이 등장하면서 손자 소비 시장에도 변화가 예상된다는 전망도 나오고 있다.

반려견도 고령화
반려동물 요양원, 방문 요양 서비스의 등장

전체 인구 3명 중 약 1명이 고령자인 노인 대국 일본이지만 늙어가는 것은 사람만이 아니다. 고령자의 소중한 '또 하나의 가족' 반려견犬, 반려묘猫도 심각한 고령화를 겪고 있다. 사단법인 펫 푸드협회가 조사한 바에 따르면 2017년 기준으로 강아지의 평균수명은 14.2세인 것으로 나타났다. 고양이는 15.3세로 조금 더 길다.

지난 1983년 반려견 평균수명이 7.5세였던 것에 비하면 30년 동안 수명이 두 배로 늘어난 것이다. 질 좋은 음식과 생활환경 덕분에 건강 상태가 개선됐고 동물 의료기술의 발전도 견공의 평균수명을 늘리는 데 한 몫을 했다.

주목할 만한 것은 반려견의 평균수명 증가와 함께 고령화도 가속화하고 있다는 점이다. 반려견의 경우 보통 7세 이상이면 노견老犬으로 분류하는데, 현재 일본 반려견 5마리 중 3마리(58.9%)가 노견이라고 한다. 10세 이상을 노견으로 분류하기도 하지만 이렇게 계산해도 반려동물의 고령화율은 30%를 훨씬 웃돈다. 반려동물, 특히 반려견의 고령화 속도가 빠른 이유는 고령의 주인들이 이들과 오랫동안 생활하다 보니 어린 반려견의 입양 기회가 줄어들고 있기 때문이라고 한다. 반려동물도 심각한 저출산·고령화 현상을 겪고 있는 셈이다.

반려동물이 고령화되면 어떤 일들이 생길까? 사람과 비교하긴 뭐 하지만, 인간 세계에서 나타나는 문제들이 반려동물 세계에서도 흡사하게 나타난다.

반려견도 나이를 먹으면 치매가 발병한다. 길거리를 배회하거나 밤중에 끊임없이 울부짖기도 한다. 노견을 간병하는 일은 사람의 간병 못지않게 많은 손길을 필요로 한다. 문제는 노견을 돌봐야 하는 견주들도 고령으로 몸이 편치 않은 경우가 많다는 건데, 장기 와상臥床인 (거동이 어려운) 노견의 배설 케어는 고령자에게는 만만치 않은 중노동이다.

자기의 몸도 건사하기 힘든 상황에서 손이 많이 가는 노견 간병은 고령 견주들에게 큰 부담이 아닐 수 없다. 본인이 입원하거나 요양원에 들어가야 할 경우에는 누군가에게 고령 반려동물의 간병을 부탁할 수밖에 없다.

수요가 있으면 공급이 생기는 법. 이런 상황의 해결사로 등장한 것이 '노견 홈'이다. 노견 홈은 반려견 요양원이라고 생각하면 된다. 요양원에 전문 요양보호사가 있는 것처럼 노견 홈에는 동물간호사나 노견 전문 동물요양사가 상주하면서 늙은 반려견을 24시간 간병, 수발한다. 노견 홈은 최근 빠르게 증가하면서 현재 일본 전국에 200여 곳 정도가 운영되고 있다.

요양원에 간병 및 재활 프로그램이 있는 것처럼 반려동물 요양원에도 아침 기상부터 산보, 식사 등 시간별로 정해진 프로그램이 운영된다. 면회는 자유롭게 할 수 있고, 반려견이 생활하는 모습을 인터넷으로 확인할 수 있다.

지바千葉시에 있는 노견 홈 아시아토足跡. 소형견부터 대형견까지 20마리가 요양 중인 아시아토에는 동물 트레이너 간호사와 요양보호사 자격을 보유한 종업원 여섯 명이 근무한다. 당직 표를 짜 24시간 대응 체제를 갖추고 있으며 제휴 동물병원 원장이 정기적으로 왕진하기도 한다.

구마모토熊本현 기쿠치菊池시의 노견 홈 '노견 홈 톱'에는 40마리의 반려견이 돌봄을 받고 있다. 실내 운동장은 물론 반려견이 마음껏 뛰어놀 수 있는 운동장(도그 런) 시설도 갖추고 있다. 시설에서의 면회는 자유이고, 유료이지만 자택에서의 온라인 면회 서비스도 제공하고 있다. 인터넷 블로그에 반려견들이 생활하는 모습을 수시로 게재하고, 일정 기간의 생활상을 앨범 파일로 만들어 주인에게 보내주기도 한다.

노견 홈의 입소 형태는 6개월에서 1년 등 장기 입소와 사망 때까지 돌봐주는 종신 입소가 있다. 그런데 요금이 만만치 않다. 시설마다 다르긴 하지만 종신 간병의 경우 연간 30만~160만 엔 수준이며, 평균 50만 엔대 중반 정도이다. 도심 지역이 비싼 편이며, 교외 지역의 노견 홈은 도그 런같이 반려

펫 전용 앰뷸런스, 캠코더를 차고 일하는 펫시터   출처: 펫케어 홈페이지

견이 운동으로 스트레스를 발산할 수 있는 환경이 잘 되어 있어 일부러 교외를 찾는 주인들도 늘어나고 있다고 한다.

일부 노견 홈은 시설 간병에서 한발 나아가 방문 간병 서비스까지 하고 있다. 펫케어Pet Care는 일본 최초로 전문 동물간호사나 '펫시터'를 파견해 반려동물 재택 간병 서비스를 제공하는 회사이다. 고객 대부분이 60세 전후 여성으로, 부모 간병이나 가사 일 등으로 반려동물을 돌볼 수 없는 상황에서 서비스를 이용하고 있다.

방문 서비스는 주인이 없는 빈집에서 서비스하는 특성 때문에 안전과 보안이 필수적이다. 이 같은 염려에 대응하기 위해 펫케어는 100% 여성 동물간호사를 파견해 고객이 안심하고 이용할 수 있도록 하고 있다. 또 동물간호사나 펫시터는 머리에 소형카메라를 부착해 방문 서비스 상황을 온라인으로 실시간 제공하고 있다.

이 같은 안심 서비스가 호응을 얻으면서 펫케어의 점포 수는 창업(2016년 6월) 후 반년 만에 4배나 늘었다고 한다. 현재 도쿄, 나고야, 오사카, 후쿠오카 등 대형 도시를 중심으로 90개 점포(직영점과 프렌차이즈 포함)가 서비스하고 있다. 펫케어는 24시간 대응 가능한 반려동물 전용 구급차도 구비해놓고 있어 눈길을 끈다(1회 이용요금 1만 1,000엔).

한편 노견 홈이 급증하면서 질 낮은 서비스를 제공하는 업체들이 잇따라 등장해 사회문제가 되고 있기도 하다. 고객의 소중한 반려동물을 비좁은 케이지에 방치하거나 비위생적으로 관리하는 식이다. 이런 문제가 생기자 노견 홈 업계는 노견 홈 협회를 발족해 노견 홈의 운영 규칙을 만드는 등 발 빠르게 대응하고 있다. 동물 한 마리당 1.6평방미터의 사육 면적을 확보하고 주인에게 언제든 시설 공개 및 면회를 허용하며, 소음과 오물, 악취를 적절히 처리·관리해야 한다, 또 상근 직원 1명당 사육 동물도 15마리 이내로 제한한다는 등의 운영 규칙을 구체화했다. 아직 협회 참여 업체들의 수가 적고 강제성이 있는 것은 아니지만, 반려동물의 고령화에 맞춰 반려견 요양원의 운영에 사람들의 관심이 커지고 있는 것은 분명해 보인다.

야노矢野경제연구소가 실시한 펫 비즈니스 조사에 따르면

일본의 반려동물 시장 규모는 1조 7,187억 엔(2021년도 기준)에 달하는 것으로 조사됐다. 시장이 커지는 원인은 고령화와 함께 반려동물과 관련한 다양한 건강 의료 서비스 증가로 동물 한 마리당 소비액이 증가하기 때문이라고 분석됐다. 주인과 반려견이 함께 늙어가는 '노노간병'의 초고령사회 일본. 고령화가 진행될수록 반려견 간병 시장은 커질 수밖에 없어 보인다.

초고령사회 신풍경

일본 열도를 놀라게 한
'45세 정년제'

2021년 4월 일본 정부는 정년 연령을 70세까지 끌어올리는 등 고용 연장 정책에 여념이 없었다. 정년 연장이 대세인 이런 상황에서 한 유명 기업 CEO가 온라인 강연에서 '45세 정년제'를 제기하면서 일본 열도가 발칵 뒤집혔다.

그해 9월 초 니나미 다케시新浪剛史 산토리홀딩스 사장은 경제동우회 온라인 세미나에서 특별강연을 했다. 강연 주제는 '코로나19 수습 이후 일본 경제의 활성화 대책.' 코로나19 상황에서 흔히 있을 법한 온라인 강연이었지만 여기서 문제의 발언이 터졌다.

"45세 정년제를 도입해 (개인이) 회사에 얽매이지 않는 체제를 구축해야 한다."

니나미 사장의 45세 정년제 주장에 대한 배경 설명은 이러했다.

"45세는 인생의 분기점이다. 그리고 자신의 삶을 재고하는 일은 중요하다. 자신의 인생에 대해 생각하고 공부해야 한다. 현재의 사회보장제도는 70년대 고도 성장기에 기초한 제도다. 이제는 종신고용과 연공서열로 대표되는 일본의 고용제도에서 벗어나야 한다. 45세 정년제는 인재가 성장산업으로 흘러 들어가는 것을 촉진시켜 회사 조직의 신진대사를 좋게 할 것이다."

니나미 사장의 발언 취지는 '조기 정년을 통해 제2의 인생을 준비하자. 평생 한 기업에서 안주하지 말고 스타트업 같은 새로운 기업으로의 도전이 필요하다. 전문성을 길러 자신의 시장가치를 높여야 한다'는 것이었고 사회적으로는 '100세 시대, 4차 산업혁명 시대에 계속 구닥다리 종신고용제를 유지해서는 일본은 더 이상 발전할 수 없다. 유연한 고용 시스템을 만들어 인재의 유동성을 높이는 것이 중요하다'는 것이었다.

하지만 니나미 사장의 '충정의 발언'은 SNS를 발칵 뒤집어 놓았고 그는 악플 공세에 시달려야 했다.

"보통 사람이 45세에 이직한다는 게 도대체 가능할 일이라고 생각하는가", "주택대출금 갚아야지, 아이들 학비 내야지, 돈이 가장 많이 들어갈 시기에 직장에서 나가라고 하는 것은 죽으라는 말 아니냐", "회사의 신진대사가 그렇게 중요하다면 당신부터 사장을 그만둬라!"

산토리 불매 운동을 외치는 네티즌들이 나올 정도로 니나미 사장의 발언에 대한 반발은 거셌다. 결국 니나미 사장은 긴급 기자회견을 열어 발언을 해명해야 했다.

"절대 사람을 자르자는 취지가 아니었다. 정년이라는 말을 쓴 것은 부적절했다고 생각한다"고 사실상 사과했다. 니나미 사장이 내각의 경제재정자문회의 민간위원의 신분이라는 이유로 정부도 해명을 요구받을 정도였다.

그런데 일본의 '45세 정년제' 소동은 이번이 처음이 아니다. 10년 전에도 조기 정년제에 대한 논란이 거세게 일었다.

니나미 산토리홀딩스 사장은 일본에서 가장 능력 있는 전문경영인으로 꼽힌다.

출처: 산토리홀딩스 홈페이지

2012년 7월 초 노다 요시히코野田佳彦 당시 일본 총리에게 제출된 보고서 하나가 파문을 일으켰다. 당시 기적적으로 정권 교체를 이룬 민주당 내각이 '2050년 일본의 새 국가상'을 마련한다며 담대한 프로젝트를 구상하고, 이에 전문가 모임 국가전략회의(의장 총리)가 국가 프런티어 구상을 총리에게 보고했는데, 그 속에 '40세 정년제'가 담겨 있었다.

국가전략회의 보고서의 40세 정년제 취지는 이러했다.

"60세 정년제는 기업 내 인력을 고착화하고 산업의 신진대사를 저해한다. 노사가 합의한다면 관리직 나이인 40세에 정년을 선택할 수 있는 유연한 고용정책이 필요하다. 40세를 중간 기점으로 해 이후 75세까지 일할 능력을 재충전하자. 그러면 구성원의 생산성이 올라가 사회 전체에 활력을 불어넣을 수 있다. 이를 위해 국가는 40세가 되면 새 커리어를 가질 수 있도록 소득 보장과 실질적인 재교육 시스템을 마련해야 한다."

발안자인 야나가와 노리유키柳川範之 당시 도쿄대학원 교수는 이렇게 부연 설명했다.

"40세가 되면 모두 회사를 떠나야 한다는 얘기가 아니다. 20년을 기본 계약 기간으로 하고 각자 사정에 따라 연장하면 된다. 지금 일본 사회는 정해진 루트를 벗어나는 순간 가혹한 현실에 직면할 거라는 공포감을 갖고 있다. 정년제라는 틀 때문에 나이가 들어 새로운 일자리를 찾으려는 사람들이 없기 때문이다. 하지만 많은 이들이 함께 나서면 새로운 고용 시장이 생길 것이고 그러면 '고독한 불안'도 줄어들 것이다. 이는 유휴인력인 '사내 실업자'에게도 가혹한 현실에서 벗어나 새로운 인생을 살 수 있는 기회가 될 수 있다." 그러면서 그는 "인생 100세 시대를 살면서 20대에 대학에서 고작 몇 년 배운 것만으로 평생을 써먹을 순 없다"며 "20~40세, 41~60세, 61~75세로 20년씩 3구간으로 나눠 인생에서 두세 번 정도의 전직이 일반화되는 사회를 만들자"고 강조했다.

하지만 40세 정년제라는 정책적 도발 역시 커다란 비난에 직면했다. 반발의 내용도 이번과 똑같았다.

"그렇지 않아도 고용이 불안한 데다, 자녀 교육비 등 한창 안정적인 생활이 중요한 때에 무슨 새 출발이냐. 기업에 사원을 쉽게 해고할 수 있는 칼을 쥐여주는 것이나 다름없다."

2012년 여름 열도를 달군 40세 정년제는 거센 비난 속에 수면 아래로 잠겼다. 45세 정년제 파문도 마찬가지였다. 하지만 당시 기존의 경직된 고용 구조가 100세 인생 시대, 급변하는 4차 산업혁명 시대에 걸맞지 않은 헌 옷이라는 40세 정년제의 메시지는 많은 이들의 공감을 샀다. 45세 정년제 논란에서도 거센 악플만큼이나 니나미 사장의 발언에 동감하는 전문가들의 목소리와 SNS 선플도 많았다.

현재 일본의 고용제도는 크게 두 가지 흐름으로 진행되고 있다. '일하는 방식의 개혁(직업의 다양성과 유연성)'과 '고령자 정년 연령 상향'이다.

　　지금까지 일본 노동자는 부업이나 겸업의 형태로 다른 회사의 업무를 수행하는 것이 법률로 엄격하게 금지되어 있었다. 후생노동성의 취업 규칙 모델에는 '다른 회사 등의 업무에 종사하지 않을 것'이라는 부업·겸업 금지 규정이 있다. 그러나 2018년 1월 그 규정이 삭제됐고, '노동자는 근무시간 외에 다른 회사 등의 업무에 종사할 수 있다'는 부업·겸업을 원칙적으로 승인하는 규정이 마련됐다. 일하는 방식의 유연화를 위해서다. 일본 정부의 정책 변화 이후 많은 회사에서 부업과 겸업을 허용하고 있다. 고령자 정년은 2014년 65세로 연장된 이후 2022년 4월부터 70세까지 고용이 보장되는 제도가 시작됐다. 또 선택적 주4일제 도입을 정부 차원에서 검토하고 있다.

"소득 많아도 연금 안 깎습니다"
은퇴자 '연금 감액제' 폐지

　　일본 정부가 일정 이상 수입이 있는 고령자의 연금 지급액을 삭감하는 '재직자 노령연금' 제도 수정에 손을 댔다. 연금 감액 조치가 고령자의 취업 의지를 꺾고 있다는 지적에 따른 것이다. 당초 폐지를 목표로 추진했다가 삭감 기준액을 높이는 선에서 조정했다. 과거에는 월 소득이 28만 엔을 넘으면 연금액의 최대 절반을 깎았는데, 2023년 4월부터 이 기준액을 48만 엔까지 끌어올렸다. 연금 수급자라도 월 48만 엔까지의 근로소득은 인정해주겠다는 것이다.

일본의 재직자 노령연금 대상자는 2016년 말 기준으로 60~64세가 약 88만 명, 65세 이상이 약 36만 명이다. 재직자 노령연금 제도로 이들의 연금 감액분, 약 1조 1,000억 엔의 국가 연금 지급액이 억제되고 있다.

정부가 이 감액분의 상당 부분을 포기하면서까지 고령자 취업을 유도하려는 데에는 심각한 저출산·고령화를 겪고 있는 일본 사회를 계속 떠받치기 위해 '일하는 고령자'가 늘어나야 한다는 절박함이 묻어 있다. 저출산에 따른 인구 감소로 심각한 인력 부족 현상을 겪고 있는 상황에서 고령자를 한 명이라도 더 일터로 끌어내기 위해서는 재직자 노령연금 제도의 손질이 필요하다는 것이다.

일본 정부는 재직자 노령연금 제도 개선과 함께 공적 연금의 수급 개시 연령을 75세 이후까지 늦출 수 있도록 연금법 개정도 단행했다. 이 정책도 일할 의욕이 있는 고령자의 '현역 기간'을 최대한 늘리겠다는 의도가 깔려 있다. 기존 제도는 본인의 희망에 따라 수급 개시 시점을 60~70세 사이에서 선택하도록 하고 있다. 수급액은 65세를 기준으로 앞당기면 줄고 늦출수록 늘어난다. 일본 재정부에 따르면 일본의 70세 이상의 고용자 수는 2017년 기준 152만 명에 달하는 것으로 조사됐다. 수급 개시 연령을 연장하면 일하면서 사회보험료를 내는 고령자가 많아지기 때문에 정부 재정에 도움이 된다.

일본 정부가 이처럼 제도 손질을 통해 '고령자 노동력'을 확보하려고 안간힘을 쓰고 있는 것을 볼 때 고령자가 노동 현장에서 '귀하신 몸' 대접을 받을 것 같지만, 현실은 그렇지 않다. 일본 요미우리신문에 따르면 일하고 싶어도 직업을 갖지 못한 65세 이상 고령자가 220만 명(2018년 기준)이나 되는 것으로 추산됐다. 리쿠르트잡스가 600개 기업을 대상으로 설문조사를 했는데, 60세 이상 시니어 층 채용에 대해 '적극적이지 않다'라는 응답이 약 70%에 달했다. 이유를 물었더니 '특별한 이유가 없다(약 40%)'라는 답변이 가장 많았다. 특별한 이유가 있는 것은 아니지만, 왠지 고령자는 채용하기 꺼려진다는 게 기업 인사담당자들의 대체적인 인식이라고 이 신문은 분석했다.

고령자들이 일자리를 구했더라도 좋은 일자리가 그리 많지 않다는 것도 하나의 이유로 지적된다. 일본 총무성이 2018년 65세 이상 취업자들의 업무 내용을 조사해봤더니 가장 많은 것이 청소직이었다. 청소 업무 종사자 3명 중 1명(전체의 37%)이 65세 이상 고령자였고 이 숫자는 2012년인 6년 전보다 22만 명이 늘어난 것이다. 음식 조리와 간병 요양 관련직에서 고령자들의 존재감이 증가하는 경향이 높아지고 있는 것으로 나타났다.

하지만 이런 일자리도 안정된 것이 아니다. 65세 이상 취업자 가운데 수입이 불안정한 비정규직이 70%를 넘었다. 비정규직을 연령과 성별 비율로 따져보면, 여성의 경우 15~64세가 54%인 데 비해 65세 이상은 무려 81%에 달했다.

인구 감소 시대의 사회를 지탱하기 위해 어떻게든 일손을 늘려야 하는 상황에서 일본은 여성과 고령자 인력 확보에 총력을 기울이고 있다. 이를 위해 연령에 상관없이 의욕과 능력에 따라 일하는 사회를 시대가 요구하고 있다. 요즘 풀타임보다 주 2~3회 근무하는 시니어들의 채용이 늘고 있기는 하지만 아직은 그에 상응하는 임금 등의 처우 관련 제도가 미비한 상황이다.

일거리를 찾는 고령자들의 인식이나 태도 전환에 대한 주문도 많다. 일본 전문가들은 "기존 분야의 일을 피하고 과거의 자신에 얽매이기보다 오히려 새로운 일에 눈을 돌려보는 자세도 필요하다"고 말한다. 또 과거의 경력이란 그 당시 조직 안에서 통용되던 것에 지나지 않는다는 점을 강조하면서

"과거의 커리어보다는 지금 당장 내가 할 수 있는 것이 무엇인지, 사회가 어떤 역할을 요구하는지를 잘 생각해봐야 한다"고 조언한다.

고령자 인력파견회사로 유명한 고레이샤高齡社는 일자리를 찾으려는 시니어들이 지녀야 할 마음가짐으로 여섯 가지를 제시했다. 이른바 '평생현역 6가지 실천 강령'에는 고개가 절로 끄덕여지는 것들이 적지 않다. ① 과거의 직책을 들어 잘난 체하지 않는다. ② 사심이 아닌 사명감으로 일한다. ③ 마음에 안 드는 게 있더라도 내색하지 않는다. ④ 주어진 일은 성실히 수행한다. ⑤ 약속한 것은 꼭 실행에 옮긴다. ⑥ 머리는 숙이기 위해 있는 것이다.

40년 만의 대전환
달라진 일본의 상속

'40년 만의 대전환.'

2018년 8월 초 일본 국회 본회의(참의원)에서 유산 상속 조항을 대폭 손질한 민법 개정안이 가결됐다. 당시 매스컴에서는 "고령화가 80년대 이래 40년 만에 유산 상속과 관련된 제도를 바꿔놓았다"고 평했다.

개정된 민법은 전에는 없었던 '배우자 거주권'이 신설되고, 조건에 따라 '자택'이 유산 분할 대상에서 제외되며, 장례 비용도 고인의 (예금) 통장에서 인출해 쓸 수 있도록 했다. 모두 홀로 남겨진 배우자를 위한 파격적인 조치들이다.

'간병에 기여하는 자'에 대한 상속의 권리도 강화됐는데, 개정된 조항들을 보면 평균수명 연장으로 인해 길어진 노후, 이에 따른 간병 부담 증가 등 초고령사회 일본이 안고 있는 문제들이 그대로 담겨 있다.

개정된 내용을 구체적으로 살펴보면 이렇다. 가장 눈에 띄는 것이 '배우자 거주권'이다. 배우자가 현재 살고 있는 주택에서 계속 살 수 있는 권리를 신설한 것이다(배우자 거주권 민법 1028조). 여기서 배우자란 사실상 남편의 사망으로 홀로 남겨진 아내를 지칭한다. 그러니까 아내에게 배우자 거주권을 부여해 이제까지 살던 집에서 노후를 안정적으로 보낼 수 있도록 법적으로 뒷받침하겠다는 것이다.

지금까지는 남편의 유산 상속분을 또 다른 상속권자인 자녀(장남)와 배분할 때 불가피하게 살던 집(유산)을 매각해야 하는 경우가 있었다. 일본의 민법은 상속 재산을 배우자와 자녀(장남 또는 장녀)가 절반씩 나눠 갖도록 하고 있는데, 그 비율을 맞추다 보면 자택의 상속 권리를 분리해야 할 상황이 발생하는 것이다.

예를 들어, 사망한 자의 상속 자산이 자택 2,000만 엔, 예금저축 1,000만 엔일 때 배우자와 자녀가 1,500만 엔씩 분할 상속받기 위해서는 자택을 매각해 현금화할 수밖에 없다. 최악의 경우(자녀가 홀로 남겨진 부모 어느 한 쪽의 생활을 배려하지 않을 경우), 배우자는 수십 년을 살았던 정든 집을 떠나야 할 처지가 된다. 지금까지 터를 잡고 살아온 익숙한 곳을 떠나 안정된 노후생활을 누리기는 쉽지 않을 것이다.

　평균수명이 지금처럼 길지 않을 때는 유산상속인의 사망 이후 피상속인(배우자)의 노후도 그리 길지 않았다. 또 남겨진 배우자(주로 여성)의 권리에 대한 사회적 인식이 낮았던 것 또한 사실이다.

　배우자 거주권은 배우자에게 또 다른 혜택을 주고 있다. 현금성 유산의 분할 시 더 많은 부분을 차지할 수 있다는 점이다. 거주권은 소유권보다 가치가 낮다. 따라서 배우자는 유산 분할 때 현금성 유산 분할에서 더 많은 권리를 주장할 수 있게 된다.

　위의 사례로 다시 예를 들어보면, 자택의 거주권은 소유권의 4분의 1인 500만 엔이라고 하자. 이럴 경우 배우자에게 분할될 유산 규모는 1,500만 엔이므로 예금저축 1,000만 엔을 확보할 수 있다. 배우자 입장에선 거주권으로 살던 집에서 계속 살면서 현금성 유산을 더 받을 수 있으니 어찌 보면 일석

상속제도 개정(민법개정) 주요 내용

1. 배우자 우대
- 혼자 남겨진 배우자에게 자택에서 계속 거주할 수 있는 '거주권' 신설
- 혼인기간 20년 이상, 생전증여가 있을 경우 자택 유산분할 대상에서 제외

2. 상속인 이외 간병가족 배려
- 장남의 처 등 상속인 이외 친족이 고인의 간병에 공헌한 경우, 상속인에 금
  전청구 권리 부여

3. 예금 사전인출 허용
- 유산분할 진행 중이라도 고인 예금에서 생활비, 장례비용 등 인출 가능

4. 유언제도 변경
- 자필유언서 법무국 보관 관리제도 신설
- 유언서 작성 시 재산 목록은 컴퓨터 문서로 작성 허용

이조인 셈이다. 일본의 신新민법은 유산 상속 권리의 우선순위가 자녀에서 배우자로 옮아가고 있음을 보여주고 있다.

배우자 우선 상속제도에 변화가 하나 더 있다. 혼인 기간이 20년 이상일 경우, 그리고 사망한 배우자(남편)의 생전증여가 있을 경우 자택은 유산 분할 대상에서 제외된다는 점이다. 지금까지는 배우자의 생전증여가 있더라도, 다시 말해 유언장에 배우자에게 자택을 물려주겠다고 명시했더라도 유산분

할 때 인정되지 않았다. 자택은 무조건 유산 분할 대상에 포함되어 있었다. 이 조항도 배우자가 안정적인 노후 거주권과 생활비를 모두 확보하기 쉽도록 배려한 것이다.

수명이 길어지면 간병의 시기도 길어진다. 그만큼 간병의 부담은 커질 수밖에 없다. 이번에 개정된 상속제도는 커지는 간병 부담의 현실도 직시하고 있는데, 실제 간병의 부담을 지는 자에 대해 배려를 한 것이다. 사실 일반 가정에서는 간병의 부담을 자녀(장남)의 배우자(며느리)가 떠안는 경우가 적지 않다. 하지만 아무리 간병의 부담을 지더라도 민법의 상속제도는 간병인이 상속 권리인이 아닌 경우 상속 권리를 부여하지 않았다.

이번 개정 민법은 상속 권리인 이외의 간병 가족을 배려했는데, "장남의 처 등 상속인 이외의 친족이 고인의 간병에 공헌한 경우, 상속인에 금전 청구 권리를 부여한다"고 명시했다. 금전 청구 규모에 대해서는 법정상속인과 상의해야 하고 그 과정에서 충돌이 있을 수 있겠지만, 상속인 외 가족의 간병 역할을 법이 인정한 점은 의미가 있다고 할 수 있다.

이 밖에 상속인 사이에 유산 분할이 진행 중이라도 고인故人의 예금계좌에서 생활비나 장례 비용을 인출할 수 있도록 했다. 분할 과정이 길어지면서 생길 일상생활의 문제점을 배려한 것이다. 또 그동안 유언서는 모두 친필로 작성하도록 했는데, 앞으로는 유언서 내용은 친필로 작성돼야 하지만 유언서에 딸린 재산 목록은 컴퓨터로 작성된 문서도 허용된다.

초고령사회가 낳은 일본 상속제도의 40년 만의 대전환을 한국의 법 관계자들도 유심히 들여다볼 필요가 있어 보인다.

고령 직원 산재 막는다
고령 근로자 매뉴얼 만드는 일본

'70세 현역 시대가 온다.'

2021년 4월부터 일본 기업들은 직원이 희망하면 70세까지 일할 수 있도록 기회를 제공하는 의무를 지게 됐다. 노인대국 일본은 그동안 65세 고용을 의무화하다가 그 연령을 70세까지 끌어올렸다. 정부의 '70세 현역' 방침으로 고령 노동자는 더욱 증가할 전망이다. 저출산으로 젊은 노동인구가 심각하게 부족해지고 있어 기업 현장에서는 자연스럽게 고령 인력 점유율이 증가하고 있다.

일본의 65세 이상 노동인구는 약 875만 명(2018년 기준)으로, 지난 10년간 약 300만 명이나 늘었다. 노인이 전체 노동인구에서 차지하는 비율도 13%를 돌파했다. 총무성의 '노동력 조사(2019년)'에 따르면 현재 일본의 60대 후반 취업률은 남성 58.9%, 여성 38.6%다. 70대 전반의 노인 중에서도 남성 41.1%, 여성 24.2%가 일하는 것으로 나타났다.

이런 상황은 일본 사회에 일하는 노인들의 안전 문제라는 새로운 과제를 던지고 있다. 시니어 채용이 늘면서 근로 현장에서 노인의 안전사고가 급증하고 있는 것이다. 후생노동성(고용노동부+복지부)이 2018년 집계한 산재 통계에 따르면 근로 현장에서의 사고(휴업 4일 이상 사상자) 가운데 60세 이상 노인 근로자 비율이 26.1%를 차지했다. 60~65세의 산재 발생률의 경우 25~29세와 비교했을 때 남성이 2배, 여성은 무려 5배나 높게 나타났다. 구체적으로는 신체 기능 저하로 발생한 넘어짐 사고, 열사병, 요통 등이 많았는데, 이 중에서도 무리한 신체 활동으로 허리가 삐는 등의 요통 산재가 전체의 60%를 차지했다.

상황이 심상치 않다고 느낀 일본 정부는 부랴부랴 대응에 나섰다. 후생노동성은 2021년에 고용주의 '고령 근로자 예방책 가이드라인'을 확정해 시행하고 있다. 반일휴가 등 유연 근무제를 도입한 인사제도, 노인을 위한 세심한 건강관리 실시 등이 주요 내용이다. 만성질환자를 포함해 정기적 통원이 필요한 직원의 경우, 진료 시간을 쉽게 확보할 수 있도록 배려하고 전반적인 노인 안전대책 시범사업도 실시한다. 안전을 위해 어떤 보조기구가 필요한지, 대기업 중심으로 협력사를

모집해 효과를 검증할 계획이다. 하드웨어 측면의 안전대책
뿐만 아니라 노인 맞춤형 건강검진 강화 등 소프트웨어 측면
에서도 여러 대응책을 내놓을 예정이다.

사회문제에 대한 정부의 공식 대응은 현장의 대응보다 한
발 더디기 마련이다. 시니어 인력을 활용하는 기업들 중에는
정부의 시책이 나오기 전부터 고령자 직원 안전대책을 솔선
해 실시하고 있다.

오사카에 본사를 두고 있는 업무용 공조 설비회사 다이킨
공업Daikin Industries Ltd.은 대표적인 노인 친화기업으로 유명하다.
2001년부터 희망자라면 모두 65세까지 재고용하고 있는데,
정년퇴직 후 재고용률이 90%가 넘는다. 이 회사는 1970년대
부터 '나이가 들어도 일할 수 있는 회사'를 실현하는 것을 경
영 철학으로 삼았으며, 작업자들의 신체적 부담을 완화할 수
있도록 인근 의과대학과 손잡고 작업 도구 개발에 힘써왔다.

사고 위험성이 높은 대형 장비 운반차를 자동운전 시스템
으로 전환했고, 공장의 조명을 밝게 하고 높이 조절이 가능한
작업대를 설치해 고령의 직원도 일하기 편한 환경을 만들었
다. 또 직원들이 희망하면 언제든 공장 내 식수 관리나 컨설
팅 업무 등 신체적 부담이 적은 업무로 쉽게 전환 배치할 수
있도록 했다.

도쿄에 위치한 건설사 추부건설의 경우 70대가 넘는 노인

직원들을 위해 몸에 걸치는 보호 장비들을 초경량 소재로 대체했다. 건설 현장의 작업자들은 생명줄 등 보호 장비를 비롯해 상당한 무게의 공구를 몸에 걸쳐야 한다. 추부건설은 몸에 걸치는 공구의 소재를 철제에서 알루미늄으로 전면 교체했다. 복합 기능의 특수 공구를 개발해 몸에 걸치는 공구 수도 대폭 줄였다. 덕분에 작업자가 느끼는 피로감이 줄었고 사고율도 크게 감소했다.

건설·제조 현장뿐만이 아니다. 일본 서부 이시카와石川 현의 관광지 야마시로 온천에 있는 호텔 유노쿠니의 고령 직원 안전대책도 눈길을 끈다. 이 호텔 종업원 130명 중 4분의 1이 60세 이상인데, 최근 객실 의자(440대)를 전부 교체하면서 기존의 무거운 나무 의자를 모두 노인이 한 손으로 들어 옮길 수 있는 초경량 제품으로 바꿨다. 호텔 룸의 벽장에 비치하는 스페어 이불도 두 채에서 한 채로 줄여 일 부담을 줄였다. 또 룸에 비치할 각 비품에 종류별로 번호를 붙여 배치 장소를 쉽게 매칭할 수 있도록 배려했다.

고령자 시설 등 요양업계의 신규 채용은 항상 목마르다. 젊은이들의 기피 직업군이기도 하거니와 노인들에게도 신체적 부담이 커 근무 환경이 녹록지 않기 때문이다. 요양업계는 그 어떤 업계보다도 노인들이 지속적으로 근무할 수 있는 환경 정비가 시급한 곳이다. 일본 정부는 2014년부터 요양보호사의 요통 대응책의 일환으로 허리 보호용구를 지원하고 있고, 많은 요양시설에서 입주자 이송 로봇 등 첨단 장비를 도입하고 있다.

후생노동성의 2018년 집계에 따르면 직업상담소에 신규 등록한 65세 이상 구직자는 2008년 23만 명에 비해 2.3배가 늘어난 약 54만 명이고, 앞으로도 그 수는 계속 증가할 것으로 예측된다. 노동력 감소로 경제 활력을 잃어가는 일본이 경제 대국의 위상을 이어가기 위해서는 근로 현장에서 노인들의 활약이 불가피하다. 노인 근로자의 건강을 챙기는 일은 선택이 아닌 필수인 것이다.

치매 머니를 보호하라
'돈의 간병'까지 신경 쓴다

일본 매스컴에는 '치매 머니'라는 용어가 자주 등장한다. 치매 머니란 치매 고령자들이 보유하고 있는 금융자산을 말한다. 금융기관에 자산을 두고 있는 많은 고령자들이 치매에 걸림으로써 나타나는 사회적 문제가 만만치 않다.

일본의 고령자들은 상당한 자산가로 알려져 있다. 1,900조 엔, 우리 돈으로 1경 9,000조 원에 달하는 전체 개인 금융자산

가운데 3분의 2(64.5%)가 60세 이상 고령자들의 주머니에 들어 있다(2018년 일본은행 자산통계). 75세 이상 고령자의 자산만 해도 전체의 22%에 달한다.

이 같은 자산가들이 치매에 걸리는 상황은 여러 가지 측면에서 사회적 파장을 던진다.

먼저 개인적인 측면. 치매에 걸려 판단 능력이 떨어지고 자신의 의사를 제대로 표현하는 것이 어려워지면 금융기관에 예치돼 있는 그들의 돈은 무용지물이 될 가능성이 크다. 치매 환자 계좌의 돈은 원칙적으로 인출이 불가능하다. 인출에 대한 본인의 동의가 어렵기 때문이다. 은행 예금뿐만 아니다. 치매 고령자 명의의 부동산이나 자산은 사실상 동결된 것이나 다름없다. 치매 환자의 자산도 치매에 걸리는 셈이다.

치매로 인해 자산이 동결되면 본인이나 가족들까지도 경제적인 면에서 곤란한 상황에 처하게 된다. 특히 혼자 사는 단신 고령자가 치매에 걸려 자산이 묶이면 상황은 더 어려워진다. 일본 언론들은 이와 관련한 에피소드를 전하고 있는데, 한 단신 치매 고령자가 생활비가 없어 기초생활수급자로 전락했는데 나중에 알고 보니 이 고령자의 은행 계좌에 1,110만 엔이 넘는 저축이 있었다는 것이다.

또 어느 자녀가 치매 부모의 자산을 한 푼도 쓰지 못하고 넉넉지 않은 자기 돈으로 부양하다가 함께 파산하는 사례도 있다. 예금 저축뿐만 아니라 치매 고령자의 부동산도 동결되기 때문에, 간병이 필요할 때 살던 집을 처분해 노인홈 입주비로 충당하는 것도 여의치 않을 수 있다.

급증하는 치매 머니는 개인의 문제로만 그치지 않는다.

심각한 고령화로 인해 일본의 치매 머니는 빠르게 증가하고 있다. 다이이치 생명경제연구소가 추산한 데 따르면 2017년 기준으로 치매 환자가 보유하고 있는 금융자산이 143조 엔에 달하는 것으로 나타났다. 이 치매 머니는 오는 2030년이 되면 지금의 1.5배인 무려 215조 엔까지 늘어날 것으로 전망됐다. 이 같은 돈은 일본의 국내총생산GDP의 40%에 맞먹는 것으로 만일 이 돈이 동결될 경우 일본 경제는 동맥경화 상태에 빠질 수도 있다는 경고가 나올 정도다.

이 때문에 일본 정책당국은 금융기관과 함께 치매 머니의 동결 방지에 안간힘을 쏟고 있다. 이들은 치매 머니 동결 방지책으로 '가족신탁'과 '성년후견인'을 활용하도록 유도하고 있다. 가족신탁이란 믿을 수 있는 가족에게 치매가 생기기 전에 미리 자산관리를 위탁하는 것이다. 신탁은 보통 재산을 위탁하는 위탁자, 위탁한 재산을 관리하는 수탁자, 신탁재산의 혜택을 보는 수익자로 3자로 구성된다. 치매 대응을 위한 가족신탁은 대개 위탁자와 수익자가 동일 인물인 경우가 많다. 가족신탁은 금융기관에 전용 계좌인 신탁계좌를 만들어 관리

한다. 가족신탁은 고객 맞춤형으로 계약 내용을 위탁자가 유연하게 조합할 수 있다. 예를 들어 부동산은 관리만 하되 매각은 하지 않는다거나 예금의 용도는 본인 생활비와 손자들의 교육비에 한하는 등 다양한 희망 사항을 담을 수 있다.

위탁을 받은 자녀, 친척 등 위탁자는 자산을 어디에 얼마를 썼는지 기록할 의무가 있다. 부정하게 사용되지 않도록 감독인을 지정해 영수증이나 잔고 확인을 하는 시스템을 만드는 것도 가능하다.

성년후견인 제도도 치매 머니의 동결을 막는 방법으로 제시된다. 2000년 도입된 성년후견인은 한 개인이 법률적 행위를 할 수 있는 판단 능력을 상실할 경우 그를 대신한 특정인에게 법률적인 행위와 권한을 부여하는 제도이다. 판단 능력이 있는 상황에서 자신의 후견인을 선정하는 '임의후견'과 판단 능력이 없어진 후 가정재판소가 후견인을 선정하는 '법정후견' 두 가지가 있다. 이 중 치매 머니 대책으로는 임의후견인 선정이 권유되고 있다.

다만 임의후견인은 가족신탁과 다르게 대개 변호사 등이 감독인이 되기 때문에 매달 적지 않은 관련 보수를 지급해야한다. 금전 지출 등 재산 운영 시에도 가족신탁보다 제약이 많다. 또 후견인들은 위탁자의 재산 활용보다는 관리 유지에 중점을 두기 때문에 손자 교육비 등 본인 외의 가족을 위한 지출이 쉽지 않다는 단점도 있다.

단카이 세대로 불리는 베이비부머가 75세가 되는 2025년에는 일본의 치매 환자가 730만 명까지 늘어날 전망이다. 사람도, 자산도 함께 고령화하는 일본. 이제는 돈의 간병까지 신경을 써야 하는 사회가 되어가고 있다.

중장년 히키코모리 61만 명
부모 사후의 '서바이벌 플랜'은?

은둔형 외톨이를 칭하는 '히키코모리'도 고령화 흐름에 예외는 아니다. 2020년 일본 내각부가 조사한 데 따르면 '중장년 히키코모리'가 60만 명을 넘어선 것으로 추산된다. 은둔형 외톨이가 나이를 먹으면 여러 가지 골치 아픈 일들이 일어난다. 이들은 생계는 물론이고 일상의 식생활조차 자립이 어렵기 때문이다. 누군가의 도움이 절대적일 수밖에 없는데 대부분 고령의 부모가 중년 히키코모리의 손발이 되어준다.

일본에서는 '8050 문제'가 골치 아픈 사회적 문제로 부상한 지 오래다. 8050 문제란 80세 부모가 50대의 고령 자녀를 돌보며 사는 현상을 말하는 것인데, 생계 능력이 없는 중장년 자녀는 대체로 80대 부모의 연금에 의존해 살고 있다. 넉넉지 않은 부모 연금을 자녀와 함께 쓰다 보니 부모와 자녀가 함께 공멸할 위험성이 크다. 8050 문제와 관련한 불상사가 자주 발생하자 일본 정부는 2021년 4월부터 사회보장법을 개정해 각 지자체에 '8050 대책' 수립을 권고하고 그에 대한 예산 지원을 시작했다. 8050 문제를 방치했다가 앞으로 '9060 문제(90대의 부모에 기생하는 60대 자녀 세대)'로 비화되면 더 이상 손쓰기가 어려울 수 있다는 걱정이 커졌기 때문이다.

고령의 자녀가 히키코모리인 경우 문제가 더 심각해지는 이유는 히키코모리의 최후 보루인 부모의 여생이 그리 길지 않다는 것이다. 부모가 돌아가시면 누가 그들의 보호막이 되어줄 수 있을까? 고령의 히키코모리 자녀를 두고 있는 부모는 마음 편히 눈을 감을 수 없다.

일본의 민간단체들은 이 같은 문제의 심각성을 알리면서 중장년 은둔형 외톨이의 '노후 생존전략'에 대한 다양한 아이디어들을 내놓고 있다. 이 분야에 30년 넘게 천착한 금융 컨설턴트이자 작가인 하타나카 마사코畠中雅子 씨는 중장년 히키코모리를 위한 서바이벌 플랜을 제시해 주목받고 있다. 그는 민간단체 '일할 수 없는 자녀들의 돈 문제를 생각하는 모임' 대표이기도 하다. 하타나카 씨가 말하는 중장년 히키코모리의 서바이벌 플랜은 한마디로 '일할 수 없는 자녀가 부모 없이 삶을 이어갈 수 있을 정도의 최소한의 자금 및 생활 계획을 마련하는 것'이라고 할 수 있다. '부모 사망 후 어떻게 살아갈 것인가'에 대한 하타나카 씨의 조언은 이렇다.

먼저 금전적인 면. 부모의 재정 상태가 장애연금 수급자로 넉넉지 못한 경우가 대부분이기 때문에, 히키코모리 자녀의 용돈은 월 1만 5,000엔 이내로 억제하고 나머지는 부모 사후에 대비해 저축할 것을 권한다. 실제로 하타나카 씨의 조언에 따라 1,000만 엔이 넘는 서바이벌 저축을 하고 있는 8050세대가 많다고 한다. 하타나카 씨의 서바이벌 재정계획은 남성 약 2,000만 엔, 남성보다 수명이 긴 여성은 2,500만 엔 정도의 목표치를 제시한다.

외부 활동이 거의 없는 은둔형 외톨이들에게는 돈보다 당장의 식생활이 더 절실한 문제이다. 하타나카 씨의 생활 측면에서의 서바이벌 플랜은 '홀로서기 연습'이다. 자녀가 최소한의 자취가 가능하도록 가르칠 필요가 있다는 거다. 하타나카 씨는 부모들에게 당장 자녀를 위한 저녁 식사 준비를 그만둘 것을 강력히 권고한다. 자녀의 입맛에 맞는 식사를 계속해서 제공할 경우, 생활비가 많이 드는 것도 문제지만 부모 사후에 곤란을 겪는 쪽은 오히려 자녀라는 것이다.

저녁을 제공하는 대신에 밥 짓는 법, 지어진 밥을 냉동 보존하는 법을 가르치는 것이 중요하다고 하타나카 씨는 강조한다. 반찬은 레토르트 식품이나 통조림 등을 이용하더라도 혼자서 식사를 해결할 수 있는 훈련이 필요하다는 것이다. 자취 능력이 없어 도시락에 의존하면 식비는 늘어날 수밖에 없기 때문에 경계해야 한다고 그는 조언한다.

또 부모가 70세 이상이 되면 전기, 가스, 수도, 전화 등 사용자의 명의를 자녀로 변경하는 것도 중요하다. 부모가 사망한 후 명의 변경 방법을 몰라 최소한의 생활 라인을 갖추지 않은 채 사는 은둔형 자녀들이 있기 때문이다. 이용 가능한 공적제도는 최대한 활용할 수 있도록 하는 것도 중요한데, 자녀의 장애연금 수급과 부모의 저축을 합쳐 가계를 유지해 나가는 사례도 적지 않다고 한다.

현재의 주택을 활용해 노후의 생활비를 저축해두는 것도 서바이벌 플랜의 하나이다. 실제로 히키코모리 자녀를 둔 부모들 중에는 수도권의 단독주택을 처분하고, 주택 절반 정도 가격의 근교 중고 맨션으로 이동하는 사례도 적지 않다. 부모가 생존해 있는 기간에는 부모 연금으로 연명하고 부모 사후에는 주택을 매매해 차액을 자녀의 생활비로 활용할 수 있도록 하는 것이다.

상속의 준비도 일반 사람들과 좀 달라야 한다고 하타나카 씨는 말한다. 은둔형 자녀를 위한 '불공평한 상속'을 해야 할 경우가 많기 때문에 형제자매가 있을 경우 사전에 그들의 배려와 승인을 받아야 할 필요가 있다는 얘기다. 사망 이후 주택 명의 변경 등의 수속을 형제자매가 도와줄 수 있도록 사전에 확인을 받아두는 것도 좋다고 한다.

하타나카 씨의 서바이벌 플랜에 대한 비판도 있다. 은둔형 자녀가 일할 수 있도록 지원하는 게 우선 아니냐는 것이다. 하지만 은둔형 자녀에게 취업을 독려하는 것은 본인에게 큰 중압감으로 작용해 오히려 나쁜 결과를 초래할 수 있다고 전문가들은 경고하고 있다. 따라서 취업을 권하더라도 심리적 허들을 최대한 낮추는 것이 중요하며, 월 수입도 2만~3만 엔 수준의 기대에 그쳐야 한다고 조언한다.

또 다른 히키코모리 전문가인 쓰쿠바대학 의학의료계 사이토 다마키斎藤環 교수는 용돈의 중요성에 대해 강조한다. 정신과 의사이기도 한 사이토 교수는 일반적으로 부모들은 자녀가 돈이 있다는 것을 알면 일할 의욕이 없어지진 않을지 걱정하는데, 실은 그 반대라고 주장한다. 마음의 여유로 인해 일할 마음이 생길 수 있다는 것이다.

사이토 교수는 평소 궁핍한 생활을 하다 보면 욕망 자체가 사라지게 된다며 히키코모리에게 용돈을 줘 스스로 소비할 기회를 주는 것이 중요하다고 말한다. 적당한 용돈 수준은 월 평균 2만 3,000엔 정도. 히키코모리 자녀 본인 명의의 통장에 입금해 본인이 돈의 변화를 확인하게 하는 것도 좋은 방법이라고 그는 조언한다.

오타쿠가 늙었습니다
"내 보물들을 어찌하오리까?"

특정 취미나 물품에 과잉 집착하는 사람들을 일본에서는 '오타쿠'라고 한다. 한국에서도 요즘 이런 성향의 사람들이 많아지면서 오타쿠와 발음이 비슷한 덕후德厚라는 용어가 자주 사용되고 있는데, 오타쿠들도 고령화의 파고를 피해 가지는 못하는 것 같다.

1980년대 일본의 서브컬처를 형성하며 세계적으로 주목을 받았던 오타쿠가 이제 환갑을 전후할 만큼 나이를 먹었다. 80세를 넘긴 오타쿠도 있다. 일본에서는 이들을 '노老 오타쿠', 또는 '오타쿠 1세대' 등으로 부른다. 흥미로운 것은 시니어 오타쿠가 보통의 시니어와는 다른 그들만의 고민거리를 갖고 있다는 점이다. 이들의 고민을 발 빠르게 간파해 비즈니스 기회로 삼는 기업도 등장해 눈길을 끌고 있다.

도쿄의 나카노中野구에는 진귀한 컬렉션 상품을 파는 것으로 유명한 만다라케まんだらけ라는 매장이 있다. 오타쿠들에게는 성지 같은 곳인데, 만화에서부터 게임, 피규어, 캐릭터 상품, 장난감 등 희귀하고 다양한 컬렉션 상품으로 꽉 들어차 있다. 1980년 고서점으로 창업한 만다라케는 최근 연 매출이 1,000억 원에 육박할 정도로 급성장하고 있다.

이 만다라케에서 2016년 3월 새로운 서비스를 내놓았는데, 현지 매스컴의 주목을 받았다. '생전 견적 서비스'로 오타쿠가 일생을 걸고 수집한 컬렉션의 가치를 산정해주는 서비스이다. 오타쿠에게 자신의 컬렉션은 소중한 보물이자 분신 같은 것이다. 그 분야에 관심이 없는 사람들의 눈에는 단순한 고물 장난감이나 케케묵은 만화 잡지일지 모르지만.

노 오타쿠들은 연로해지면서 자신의 분신을 어떻게 처리할지에 대한 걱정이 커졌다. 인생을 걸고 모은 컬렉션이 아무런 가치도 인정받지 못한 채 가족들 손에 버려진다는 것은 오타쿠에게는 상상조차 하기 싫은 일이다. 그래서 자신의 보물이 가치를 아는 누군가의 손에 전해졌으면 하고 간절히 바란다고 한다.

이 같은 절실한 수요를 간파한 것이 바로 만다라케의 '생전 견적 서비스'이다. 요청받은 애장품의 가치를 사정해 견적서를 발행해준다. 이 견적서가 있으면 컬렉션을 생전에 정리할 때 참고가 되는 것은 물론, 수집자의 급작스러운 죽음 등 예기치 않은 사태가 발생했을 때 유족들이 고인의 유품을 처리하는 데 도움이 된다. 대상은 만화, 애니메이션에서부터 관련 캐릭터 상품, 완구(피규어, 프라모델 등), 철도 관련 물품, 미니카, 일러스트 등 다양하다. 견적 비용은 무료이고 우편 접수도 가능하다. 견적대로 즉시 매매가 가능하지만 견적 금액을 인지하고 있다가 매각할 상황이 생기면 그때 매매하면 된다.

이 서비스를 이용해 1억 원이 넘는 견적을 기록한 보물이 나오는가 하면, 견적 결과 수집품의 가치가 수천만 원에 달해 물건의 소유권을 놓고 가족 간 분쟁이 일어난 사례도 있다고 한다. 어렸을 때 친구 역할을 했던 바비 인형의 가치를 물어보는 여성 시니어 오타쿠도 있는데, 이들은 상품의 가치보다는 자신이 죽은 후 그것이 버려지지 않고 누군가의 손에 거둬졌으면 하는 마음이 더 크다고 한다.

일본의 한 TV방송이 실제 노 오타쿠 가정에서 만다라케의 생전 견적 서비스를 받는 상황을 소개했는데, 그동안 거실 여기저기 자리만 차지해 구박덩이 취급당하던 한 오타쿠 남편의 수집품 100여 점이 견적 결과 1,000만 원이 넘는 것으로 나오자 부인이 탄성을 지르며 태도가 확 달라지는 장면이 흥미롭게 비치기도 했다. 수집품의 가치를 수치화해 보여줌으로써 '미래의 쓰레기'에서 '귀중한 보물'로 소장품의 처우가 바뀔 수 있음을 보여주는 예라 할 수 있다.

2020년 오타쿠 1세대(1955년 전후 출생)가 후기 고령자(75세 이상)로 진입했다. 더불어 은퇴 후 귀촌하는 등 인생을 리셋하려는 오타쿠가 증가하면서 자신의 컬렉션 처리에 대해 고민하는 이들은 갈수록 늘어날 전망이다. 만다라케의 생전 견적 서비스가 주목받는 이유이다.

"내 유산을 기부합니다"
홀로 고령자의 새로운 종활 트렌드 '유증'

초고령사회 일본에서 '유증遺贈'이 확산되고 있어 주목을 받는다. 유언을 통해 자기 재산을 법정 상속자가 아닌 제3자에게 증여하는 것을 '유증'이라고 한다. 여기서 제3자는 주로 비영리단체가 많은데, 유산의 사회적 기부라고 할 수 있다. 유산 기부와 관련한 단체에는 유증을 신청하는 문의가 잇따르고 있고 유증의 규모 또한 많게는 수억 원에 이른다고 한다. 유증을 희망하는 사람들은 대부분 상속자가 없는 홀로 사는 고령자이다. 유증의 이면에는 이렇듯 초고령사회, 무연사회라는 일본의 민낯이 숨어 있다.

2019년 초 요미우리신문에 유증의 확산과 관련된 기획 기사가 실렸는데 다음과 같은 사례가 소개돼 눈길을 끌었다. 후쿠오카福岡시에 사는 72세의 한 여성은 2년 전 유증 절차를 밟았다. 자기가 죽게 되면 갖고 있는 예금 등의 전 재산을 시 사회복지협의회에 기부하기로 한 것이다. 유언장에는 부모와 함께 살지 못하는 아이들을 돌보는 관련 비영리 복지단체에 기부해달라고 기부처를 분명히 적었다. 이 여성은 59살에 남편을 여의고 자녀가 없어 홀로 살아왔다. 본래 시각장애가 있었는데, 혼자가 된 이후부터 지역 복지단체 등 공공기관에서 생활 지원을 받아왔다고 한다.

"지금껏 혼자 살아오면서 사회로부터 많은 도움을 받았다. 그 은혜를 꼭 갚고 싶다."

이 여성이 유증을 결정한 이유다.

공익재단인 일본재단은 2015년부터 '유증 기부 서포트센터'를 운영하고 있다. 센터를 개설한 해인 2015년 150건이던 유증 상담은 2017년에 830건으로 급증했다고 한다. "유산을 사회에 기부하고 싶어 하는 시니어들이 많아 앞으로 유증은 계속 늘어날 것"이라는 게 재단의 이야기다. 일본 안내견협회에는 2009년부터 유증 신청이 계속되어 왔는데, 유증 규모는 수백만 엔에서 수천만 엔에 이른다고 한다. 이 협회는 2015년부터 유증자의 이름이 새겨진 개 모양의 패널을 훈련 시설에 전시해 기념하고 있다.

유증 문의가 늘자 후쿠오카시 복지협의회는 유증과 관련한 소개 팸플릿을 만들어 배포하고 있고, 2019년부터는 월 1회 '종활終活 상담 창구'에서 유증에 관한 상담도 하고 있다. 2016년에는 유증 기부를 추진하는 사단법인 '전국 레거시 기프트legacy gift협회'가 결성됐는가 하면 현재 16개의 공익단체가 유증과 관련한 상담 창구를 설치해 유증 설명과 기부처 소개 활동을 하고 있다.

일본에서 행해지는 유증의 규모는 아직 통계로 잡히고 있지는 않지만 지난 2011년 동일본 대지진 이후 그 움직임이 활발해지고 있다고 전문가들은 말한다. '국경 없는 의사회 일본'이 2017년 전국 15~69세 남녀 1,000명을 대상으로 한 유증 관련 설문조사를 보면 유증에 대해 긍정적인 답변을 한 사람이 약 60%나 됐다. 실제로 2010년까지 연간 6,000억 엔이던 개인 기부액이 최근 7,000억 엔을 넘어섰는데, 연령별 기부자의 비율을 보면 70대가 가장 높은 것으로 나타났다.

유증이 늘어나는 배경에는 가족 형태의 변화를 먼저 꼽을 수 있다. 상속인이 없는 1인 고령자 세대가 증가하고 친족 간 관계도 소원해지고 있기 때문이다. 자녀나 배우자 등 법정 상속인이 없고 유언장이 없으면 고인故人의 유산은 국고로 귀속된다. 일본 최고재판소(대법원)에 따르면 상속되지 않고 국고로 귀속되는 개인 재산은 2017년 기준 520억 엔으로 5년 전에 비해 40% 증가했다. 〈고령사회백서〉에 의하면 65세 이상 1인 세대는 2015년 592만 명에서 2035년에는 760만 명으로 늘어날 것으로 추산되고 있다.

유증이 계속해서 늘고 있다고는 하지만 유의해야 할 점도 있다. 법정 상속인이 존재하는 상황에서 유증이 있을 경우, 추후에 법정 다툼이 발생할 가능성이 있다. 그럴 경우 유증을 받는 단체가 곤란한 처지에 빠질 수 있다. 따라서 유증 언약을 이행할 시에는 자신의 뜻을 분명히 기록해 놓아야 한다.

아예 유산의 일정 부분은 법정 상속인에게 남겨놓고 나머지만 유증하는 것도 방법이다.

인생의 마지막을 스스로 준비하는 행위를 일본에서는 '종활'이라고 한다. 자신이 묻힐 묘지를 마련하거나 장례 준비를 미리 해놓거나 유언장을 미리 준비하는 등의 적극적이고 자기 주도적인 인생 정리 활동, 종활은 뉴시니어라 불리는 베이비부머들의 새로운 라이프스타일로 자리잡아 가고 있다. 유증이 새로운 종활 트렌드가 되고 있는 셈이다.

2부

유쾌한
시니어가
온다

액티브 시니어가 사는 법

일본에는 재학생 평균연령 62세인
대학이 있다?!

　도쿄 도내 이케부쿠로에 위치한 유명 사립대 릿쿄立敎대학 캠퍼스. 수업이 한창인 평일 오후, 이 캠퍼스에서는 강의실이나 도서관, 학생 식당에서 머리가 희끗한 고령의 학생들을 쉽게 발견할 수 있다. 대강당에서 진행되는 기초 교양과목 수업에는 맨 앞줄에 자리를 잡고 청강에 열중하고 있는 시니어들이 보인다.

　이 고령자들은 릿쿄 세컨드 스테이지대학에 다니는 시니어 학생들이다. 릿쿄 세컨드 스테이지대학은 50세 이상 시니어를 위한 1년제 대학 과정이다. 주 5일 강의가 진행되며 학

릿쿄 세컨드 스테이지대학 동창회 10주년 기념식에서 동창들이 기념 촬영을 하고 있는 모습. 세컨드 스테이지 대학생들은 학교 도서관을 자유롭게 이용할 수 있다.

출처: 릿쿄 세컨드 스테이지 대학 홈페이지

비는 연 40만 엔이다. 정식 학위는 주어지지 않지만 일반 대학생과 다름없이 선택과목, 세미나 등 정규 프로그램을 이수해야 하고, 논문 등의 이수 절차를 거쳐 소정의 증서가 수여된다. 학생은 본인이 원한다면 전공 과정 1년을 추가로 이수해 관련 자격증을 취득할 수 있다.

정원은 70명. 매년 100명 이상이 지원해 높은 경쟁률을 기록하고 있다고 한다. 현재 이 과정 재학생 평균연령은 62세. 릿쿄대학은 지난 2008년 고령자를 위한 평생학습의 장으로서 시니어 정규 과정을 개설했다.

당시는 이른바 단카이 세대로 불리는 베이비부머가 대거 정년퇴직을 하면서 이들의 노후 라이프스타일에 사회적 관심이 높았던 때다. 퇴직 후 얻은 자유 시간을 '학습'에 쓰려는 은퇴자들의 욕구와 학령인구 감소로 학생 확보에 어려움을 겪던 대학의 처지가 맞아떨어지면서 '시니어 대학'은 주목받기 시작했다. 이후 여러 대학들이 시니어들의 수요를 발굴하기 위한 다양한 프로그램을 만들었고, 퇴직자들도 학교 동창이라는 새로운 인간관계, 지적 욕구의 충족, 젊은 세대와의 교류 등 '또 한 번의 대학생활'이 주는 매력을 즐기기 위해 모여들었다.

'시니어 전용 입시'를 도입하는 대학도 늘어나고 있다. 일본의 또 다른 명문 사학 메이지明治대학은 60세 이상 정년퇴직자를 대상으로 대학원 입시 때 영어 등 일부 학과 시험을 면제해주고 있다. 학교 측은 "시니어 세대의 풍부한 사회 경험과 폭넓은 시야는 대학원의 연구 활동에 깊이를 더해줄 것"이라고 취지를 설명한다. 히로시마대학도 중장년층을 대상으로 면접과 논문만으로 선발하는 히로시마대 페닉스 입시 제도를 도입해 주목받고 있다.

입시제도뿐만 아니라 시니어를 위한 대학들의 재정적 지원도 활발하다. 오사카 상업대학은 55세 이상 입학자를 대상으로 '연령 × 1만 엔'을 전체 학비에서 감면해주는 '시니어 특별수업료 감면제도'를 2007년부터 시행하고 있다. 입학한 해 나이가 60세이면 매년 '60만 엔(60세 × 1만 엔)'을 시니어 장학금 명목으로 받는 셈이다. 니가타新潟 산업대학은 60세 이상 입학자에 대해 입학금과 수업료를 반액 감면해주고 있다.

시즈오카静岡 산업대학은 젊은이에게 지혜를 전수하는 시

니어들에게 장학금을 수여하는 흥미로운 제도를 운용해 눈길을 끈다. 55세 이상 학생이 학생회나 동아리에서 지도자로서 역할을 하거나 젊은이들과 함께 지역 공헌 봉사를 할 경우 연간 20만~40만 엔의 장학금을 주고 있다.

문부과학성의 조사에 따르면 2020년 대학원 석사 과정에 입학한 60세 이상 시니어는 370명, 박사 과정 입학자도 156명이나 되는 것으로 나타났다. 시니어 대학원생의 증가 추세는 전체 대학원 진학자가 크게 감소하고 있는 현상과 대조를 보이고 있다. 문부성은 퇴직 후 시간과 돈에 여유가 생긴 베이비부머들이 주로 대학의 문을 두드리고 있으며, '원하는 꿈을 이루고 싶다', '젊은 세대와 교류하고 싶다', '새로운 인간관계를 만들고 싶다'는 것이 그 주된 이유라고 설명한다.

단순한 인적 교류나 지적 호기심을 충족하는 것 이외에 실제로 대학 과정을 통해 얻은 지식과 인맥을 통해 '새로운 인생'을 시작하는 이들도 적지 않다고 한다. 릿쿄 세컨드 스테이지대학에는 학생들의 졸업 후 활동을 지원하는 서포트센터가 있는데, 이 센터를 통해 현재 9개의 졸업생 그룹이 재일在日 외국인 지원, 고령자 시설 지원 활동 등을 펼치고 있다.

대학 정규 과정 외에 단기적인 사회인 강좌도 인기를 끌고 있는데, 그중 대표적인 곳이 '와세다대학 오픈 칼리지'이다. 공식 명칭은 '와세다대학 익스텐션센터'이다. 이 센터에는 문학, 역사, 예술 등 인문 교양에서부터 어학, 비즈니스까지 연간 1,800개의 다양한 강좌가 열린다. 매년 4만 명이 수강하고 그중 70%가 60세 이상 시니어라고 한다.

학생 확보에 안간힘을 쓰고 있는 대학, 그리고 배움의 즐거움과 동창생이 그리운 퇴직자들. 이 둘의 만남은 캠퍼스에서 젊은 세대와 시니어 세대 간 '즐거운 상호 자극'을 만들어내고 있다.

또 한 번의 초등학교
폐교 위에 세워진 어른들의 학교

2018년 여름, 일본의 한 작은 마을의 초등학교 졸업식이 매스컴의 주목을 받았다. 이곳은 폐교를 되살려 문을 연 학교이기도 했고, 졸업생 대부분이 머리 희끗한 시니어들이었기 때문이다.

'열중소학교熱中小學校.' 우리말로는 열심초등학교. 어른들의 초등학교 정도로 생각하면 된다.

이날은 열중소학교의 첫 졸업식이었다. 반년 주기의 6기 교과 과정(3년)을 수료한 30명은 입학 당시 손수 만들었던 목제 의자에 앉아 상기된 얼굴로 교장선생님의 축사에 귀를 기울렸다. 지난 3년의 시간을 회고하는 슬라이드 영상이 돌아가고, 한 명 한 명 졸업증서가 수여되자 시니어 학생들은 천진난만한 표정으로 손을 높이 들어 V자를 그리기도 했다. 현지 언론들은 졸업생들의 다양한 소감을 전했다.

"어떤 과목의 수업이든 흥미로운 내용이었고, 지금까지 몰랐던 전혀 새로운 세계가 펼쳐졌다. 친구도 많이 사귀고 다른 업종과의 교류회 같은 색다른 분위기와 활기를 느꼈다. 앞으로도 계속 학교와 인연을 이어가고 싶다."

일본 북동부 야마가타山形縣현의 다카하타마치高畠町, 인구 2만 명이 조금 넘는 이 작은 시골에서 2015년 평생학습의 새로운 실험이 시작됐다. 당시 폐교의 활용 방안을 고민하던 지역의 한 기업(ND 소프트웨어) 대표와 퇴직자 커뮤니티 형성에 관심이 있었던 전 대기업(일본IBM) 임원이 의기투합해 실험을 단행했다.

ND 소프트웨어 대표는 건물 개·보수를 책임지고, 전 일본 IBM 임원은 교육 프로그램과 강사진 모집을 맡았다. 발이 넓은 전 일본 IBM 임원은 각 분야의 전문가들을 거의 무보수로 모집했고, 건물 보수의 일부 비용은 지방창생地方創生(일본 정부가 지역의 창조적 혁신을 지원하는 프로젝트) 기금으로 충당했다. 이후 열중소학교는 매스컴의 소개와 학생들의 입소문을 타면서 입지를 굳혀갔다.

개교 당시 학생 30명이었던 열중소학교는 현재 일본 전국에 15개의 분교를 두고 있고, 각 분야의 전문가 선생님 250명이 활동하고 있으며, 학생들은 1,000명을 넘어섰다. 열중소학교 학생들의 평균 나이는 52세다. 지역에 따라 10세에서 80세까지 다양한 연령대의 학생이 수업을 듣고 있다. 학생들은 주로 지역의 주부와 퇴직한 남성들이고, 외지에서 통학하는 학생도 상당수 있다. 또 '열중 프리패스'라는 프로그램이 있어 학생들이 전국의 어느 분교에서도 청강이 가능하도록 했다.

열중소학교의 수업은 매주 토요일에 열리고, 1교시 70분씩 2교시나 3교시로 구성된다. 과목은 현재 초등학교의 과목과 비슷한데 국어, 영어, 산수, 이과, 사회, 도덕, 생활, 가정, 음악, 체육, 미술 등이다. 또 급식, 축제, 운동회, 수학여행도 빠지지 않는다.

열중소학교의 핵심 경쟁력은 우수한 교사진에 있다. 국어의 경우 출판사나 언론사 대표가, 영어는 동시 통역가나 영어학습 교재 편집자가, 이과 과목은 드론 파일럿이나 대학의 첨단기술연구센터 교수 등이 담당한다. 사회는 ㈜후지제록스 고문이, 도덕은 유명 사찰의 스님이 참여하는 식이다. 유명 기업 경영자, 교수, 변호사, 음악가, 요리가, 소믈리에, 디자이너, 피아니스트, 지휘자, 변호사, e스포츠 프로듀서, 게임감독, 등산가, 2020 도쿄올림픽대회 조직위원 등 250명의 최고

전문가가 학생들과 직접 대면하며 얘기를 나눈다.

보통 수업은 강의 형식으로 진행되지만 와인 생산 농업 체험, 3D 프린팅 등과 같은 체험형 수업은 물론이고 비즈니스, 스타트업, IT 정보, 관광 개발 등 창업 희망자를 위한 수업도 개설돼 있다. 실제로 이곳 수업과 동아리 활동에서 배운 스킬과 교사, 동문들의 도움으로 본격적으로 사업을 시작하는 사례가 나오고 있다.

화려한 강사진과 본격적인 프로젝트형 수업이 많이 이뤄짐에도 불구하고 수업료는 한 학기당 1만~2만 엔 정도다. 60세 미만은 1만 엔, 그 이상은 2만 엔을 낸다. 교사에게는 교통비와 숙박비만 지급된다. 교사들은 급식이 제공되지 않아 도시락을 지참해야 하는 등 사실상 자원봉사를 하는 셈이다.

열중소학교 관계자는 "여기는 선생님과 학생 모두 계급장을 떼고 진솔하게 이야기를 주고받는 것이 가장 큰 매력"이라고 강조한다. 열중소학교 학생들은 각계 전문가들의 강의를 듣고 실습을 통해 직접 체험하며, 나아가 사회 참여와 창업 등으로 지역 활성화에 기여하고 있다. 특히 경제적 효과보다는 외부 전문가, 학생들과의 교류, 즉 '관계 인구'의 증가로 지역에 새로운 바람을 불어넣는 기폭제가 된다는 평가다.

개교 5년을 맞은 열중소학교는 두 가지 새로운 도전을 시작했다. '재정적 독립'과 '해외 진출'이 그것이다. 그동안의 지자체나 지역 기업, 독지가의 재정적 지원만으로 학교가 지속 가능할 수 있는지 의문이 제기되면서 새로 시작하게 된 것이 '열중통판通信販賣'이라는 학교가 운영하는 온라인 쇼핑몰이다. 열중통판은 지역 기업들과 손잡고 지역 특산품을 판매한다. 쇼핑몰에는 학교 동문들의 다양한 아이디어 제품들이 올라오기도 한다. 판매 대상은 일반인이지만 동문들의 '팬덤 소비'가 매출의 상당 부분을 차지한다.

2019년 4월에는 미국 시애틀에 첫 해외 분교가 문을 열었다. 시애틀 열중소학교는 현지 일본인 시니어들의 커뮤니티 거점 역할을 톡톡히 하고 있다고 한다. 어른들의 배움의 장소, 기업가 육성의 현장, 폐교 리모델링의 모델, 지방창생의 성공 사례와 같이 열중소학교가 또 어떤 새로운 도전에 나설지 궁금해진다.

'스마트 시니어'의 전국 네트워크
멜로 구락부

"카톡으로 점심 약속을 하고, 영상 통화로 외국에 사는 친구들과 얼굴을 보며 단체 수다를 떤다. 인스타그램, 유튜브에서 최신 요리 레시피를 찾아 새로운 요리에 도전하고, 크라우드 펀딩으로 출판의 꿈을 이루기도 한다."

태어나면서부터 인터넷을 했다는 10~20대 '인터넷 네이티브' 세대의 이야기가 아니다. 머리 희끗한 60대 장년층에서부터 90세를 넘긴 초고령 노인까지 즐기는 '인터넷 일상'이다. 일본에서는 젊은이 못지않게 인터넷 공간을 유유히 누비는 시니어 그룹들이 빠르게 늘고 있다. 요미우리신문은 이 같은 고령자 부류를 '스마트 시니어'라고 부르며 이들의 풍경을 담은 기획 기사를 연재해 눈길을 끌기도 했다.

멜로 구락부mellow club.

'시니어의 삶의 보람과 실현을 위한 전국 네트워크'라는 타이틀을 단 이 인터넷 카페의 회원은 90% 이상이 65세 이상이다. 80세 이상도 17%나 되고 최고령 회원은 92세다. 1999년에 설립돼 약 400명의 회원들이 활동하고 있다. '멜로mellow'란 '(연륜이 쌓여) 부드럽고 여유롭다'는 뜻이다. '정보통신 기술(ICT) 등 정보화를 지원함으로써 고령자의 적극적인 사회 참여를 촉진하고 이를 통해 활기 넘치는 장수사회를 실현한다'는 게 이 카페의 설립 취지다. 카페 커뮤니티 게시판에는 회원들의 연령대를 말해주기라도 하듯 본인의 병이나 배우자 간병 스토리 투고가 많다.

"1개월 이상 댓글이 없으면 세상을 떴다고 생각해주세요"라는 한 회원의 글에 위로와 응원의 댓글이 줄줄이 달리는가

하면, "삶을 마감하는 최후의 시간에 침대 옆 노트북으로 영상 대화를 하며 마지막 가는 길에 위로와 평안을 얻었다"는 수기도 눈길을 끌었다. 카페 창에는 '한일 우호의 방'이라는 코너가 있는데 말 그대로 한국 시니어들과 우호를 다지기 위해 마련된 게시판이다. 2019년에 진행됐던 '한일 스카이프의 밤' 행사 때는 스카이프skype의 영상 채팅 기능을 활용해 양국의 시니어들이 서로 얼굴을 보면서 안부를 묻고 친목을 다지기도 했다.

일본판 카톡인 라인LINE에서 친구와 약속을 정하고 가라오케에 가기 전 유튜브 가라오케에서 연습하는가 하면, 유튜브나 인스타그램에서 요리 레시피를 배워 새로운 요리에 도전하는 스마트 고령자들. 이들에게 태블릿 PC는 항상 곁에 두는 필수품이 되고 있다. 일본 총무성이 조사한 시니어 인터넷 이용률은 2022년 기준으로 60대 84.5%, 70대 59.4%, 80대 이상이 27.6%이다. 이용자 증가세는 시니어층이 가장 가파른데, 특히 라인의 이용이 크게 늘고 있다.

도쿄 시내 시나가와구의 한 예식장. 신부 측 가족석에 키 20㎝, 무게 510g의 하얗고 조그마한 로봇이 자리를 지키고 있다. "두 사람의 결혼을 큰 박수로 축복해주세요"라는 사회자의 멘트에 맞춰 로봇의 손이 앞뒤로 천천히 움직인다. 로봇은 예식장과 400㎞ 이상 떨어진 오사카 사카이시 집에 있는 85세 할머니의 태블릿 단말기에 의해 원격 조종되고 있다.

이와미 가네코 할머니는 손녀의 결혼식에 꼭 참석하고 싶었지만 아픈 몸이 이를 허락해주질 않았다. 상황을 안타깝게 여긴 친척이 결혼정보업체에 의뢰해 커뮤니케이션 로봇을 대여해 할머니의 '대리 출석'을 실현시켰다. '오리히메'라는 이름의 이 조그만 로봇은 태블릿 PC로 원격 조작되는데, 태블릿 화면에 적혀 있는 메시지를 터치하면 그에 맞춰 몸을 움직인다. 고개를 끄덕거리기도 하고 박수를 치기도 한다.

"할머니 결혼식 잘 보고 계시죠? 건강하세요."

할머니의 '분신 로봇'에 손녀가 손을 흔들자 로봇도 함께 손을 흔든다. 360도 회전이 가능한 로봇의 눈(카메라)이 보는 풍경이 태블릿 화면에 전달되고, 로봇 주변 사람과 로봇 조종자의 대화도 가능하다. 로봇 개발업체 오리オリィ연구소는 오리히메 로봇은 고령자뿐만 아니라 입원 중인 아이가 가족과 함께 TV를 보거나, 병상의 아버지가 멀리 떨어져 생활하는 아이들의 숙제를 봐줄 수도 있다고 말한다.

효고兵庫현 남동부에 있는 아시야芦屋시에 사는 가가와 씨(91세)는 최고령 현역 축구 전문기자로 유명하다. 수십 년의 기자 생활 동안 월드컵 대회만 열 번 넘게 취재했고 FIFA 회장이 수여하는 공로상도 받았다. 가가와 씨는 그동안 취재했던 유명 선수들의 스토리와 감독 등 지도자들과의 대담을 책으로 엮어내고 싶었지만 출판을 하기 위해서 3,500만 원이 필요했다. 자금 때문에 고민하던 가기와 씨에게 후배 기자가 크라우드 펀딩을 추천했고, 가가와 씨는 실행에 옮겼다. 인터넷상에서 책의 취지와 가치를 적극 홍보했다. 크라우드 펀딩은 인터넷상에 목적을 제시하고 불특정 다수에게 기부받는 자금조달 방식이다. 가가와 씨는 137명의 지원을 받아 목표액을 달성했다. 지원자 중에는 지인도 있었지만 모르는 사람이 더 많았다.

요즘 일본에서는 인터넷상에서 고령자의 능력과 센스가 젊은이들의 공감을 얻는 등 세대 간 교류가 늘면서 이로 인해 고령자가 수익을 얻거나 삶의 보람을 느끼게 되는 경우가 많다고 요미우리신문은 전했다. 시니어들의 라이프스타일을 연구하는 하쿠호도博報堂 생활종합연구소의 '새로운 어른문화연구소'는 "인터넷을 잘 활용하면서 평생 현역으로 사는 고령자가 앞으로 더 늘어날 것"이라고 내다봤다.

지금이 나의 전성기
시부야로 화려하게 귀환하는 시니어들

일본 도쿄의 '시부야'는 예나 지금이나 젊은이의 거리로 유명하다. 새로운 라이프스타일을 추구하는 젊은이들로 늘 북적이는 이곳은 총천연색의 젊은 문화가 한데 어우러져 언제나 활기와 열정을 느낄 수 있다. 비교하자면 서울의 홍대 거리를 닮았다. 그런 시부야가 최근 이미지 변신을 꾀하고 있다. 변신의 주체는 젊은이가 아니라 중·장년층 시니어다. 젊은이들의 전유물이던 시부야 거리에 '액티브 시니어'들이 도전장을 내밀었다.

2019년 12월 초 시부야 중심지에 '도큐東急프라자 시부야'가 문을 열었다. 18층 복합 쇼핑몰인 이곳은 일반 쇼핑몰과 달리 주요 고객층이 40~60세의 시니어다. 젊고 활동적이며 경제적으로 여유가 있는 이른바 도회파都會派 시니어들의 아지트를 젊은이들의 거리 한복판에 만들어놓은 것이다.

"어른들이 즐기는 시부야로~." 도큐프라자 시부야가 내건 캐치프레이즈다. 나이 든 어른에게 걸맞은 라이프스타일을 즐길 수 있는 세련된 공간을 제시하겠다는 것이다. 쇼핑몰 내부 곳곳에는 "바로 지금이 나의 최첨단(최고의 전성기)"이라는 마케팅 문구가 내걸려 있다. 도큐프라자 관계자는 "시니어 고객들이 이곳을 찾을 때마다 '지금의 내가 바로 최고의 나'라는 느낌을 만끽할 수 있도록 시설의 모든 것을 배려했다"고 말한다. 현지 언론들은 "한때 시부야에서 젊음을 불태웠던 그들이 어른이 되어 귀환하고 있다"고 해설을 붙이기도 했다.

세련된 시니어들의 아지트 도큐프라자 시부야는 어떤 모습을 하고 있을까. 빌딩 2~8층과 17, 18층 약 2,500평의 면적에는 식食, 건강, 미美, 취미 그리고 라이프 플랜 등을 테마로 한 프리미엄급 숍들로 채워져 있다.

일본의 전통을 테마로 하는 편집숍 빔스 재팬Beams Japan 같은 시니어들의 고급 잡화점을 비롯해 유명 제약회사의 건강 솔루션 매장 로토 퀄리티에이징Quality Aging 살롱, 패셔너블한 디자인의 보청기 체험·판매장 등 시니어의 고품격 라이프스타일을 추구하는 매장들이 시니어들의 발길을 사로잡는다.

전망 층인 17, 18층에는 시부야 거리를 한눈에 내려다볼 수 있는 루프 가든 시부니와(시부야의 정원이라는 뜻)와 싱가포르 마리나 베이 샌즈의 엔터테인먼트 레스토랑 CE LA VI(세라비)가 어른들의 고급 사교장으로서의 역할을 한다. 일본에 처음 상륙한 도큐프라자 시부야 세라비는 이곳에서만 즐길 수 있

백화점의 전시형, 참가형 이벤트들. 도큐프라자 입구

는 멋진 시부야의 야경을 시니어들에게 선사하고 있다.

　도큐프라자 시부야의 핵심 플로어는 5층에 위치한 '시부야 라이프 라운지'다. 이곳은 시니어를 위한 라이프스타일을 소개하고 지원하는 매장들이 운집해 있는데, 플로어 중심에 자리 잡은 카페 페퍼 팔러는 시니어와 첨단 로봇이 공존하는 미래의 모습을 연출한다. 소프트뱅크의 인공지능 로봇 페퍼가 고객의 주문을 받고 고객의 얼굴과 몇 가지 질문을 통해 메뉴를 추천해주기도 한다.

　카페 주위에 자리 잡은 시부야 라이프 라운지 매장들은 시니어 라이프 단계별로 다양한 고민거리나 트러블을 해결해주는 서비스형 점포들이다. 중·장년층의 관심이 높은 테마에 맞춘 테넌트Tenant(임차인)가 집결해 다른 시설과 차별화를 꾀했다.

　고가의 프리미엄 여행 코너High Premium H.I.S Hills Shibuya, 100세 시대에 맞춘 보험 상품을 재구성해주는 일 등을 전문으로 하는 투자 및 자산운용 컨설팅 코너, 장례 서비스를 소개하는 종활 라이프 스토리 살롱Life Stories Salon 등에서 시니어 고객들은 노후의 고민거리를 상담할 수 있다.

　6~7층의 식당가 시부야 그랑은 10만 원 상당의 고급 장어 요리, 교토의 최고급 샤브샤브, 스시 등 일본의 전통 음식과 정통 이탈리안 식당이 들어서 식도락에 돈을 아끼지 않는 시

니어들의 발길을 붙잡고 있다. 시부야 그랑은 과거 많은 사람으로부터 사랑을 받았으나 지금은 사라지고 없는 유명 브랜드 식당의 메뉴들을 부활시켜 '추억의 소비'를 유도했다고 한다.

시니어 비즈니스 전문가 사카모토 세쓰오 '인생 100년 시대 미래비전 연구소' 소장은 도큐프라자 시부야에 대해 "어른만이 즐길 수 있는 시부야라는 콘셉트로 매장을 고급화하는 전략을 펼치고 있다"며 "경제력이 있는 고령 세대가 여유롭게 소비하는 모습을, 시부야를 찾은 청년 세대에게 보여줌으로써 고령 세대의 자존감을 높이겠다는 전략"이라고 풀이했다. 사카모토 소장은 "시니어 비즈니스의 최신 트렌드는 특정 세대를 타깃으로 하지 않는다는 점"이라며 "특히 '실버'나 '시니어' 등 고령자를 특정하는 용어의 사용이 시니어 비즈니스의 실패를 낳은 사례가 많다"고 지적했다. 그러면서 "이 같은 실패 경험을 교훈 삼아 요즘은 젊은 세대가 밀집하는 곳에 고령자들의 발길을 이끌어내는 모델이 주목받고 있는데, 최근의 시부야가 이러한 사례"라고 강조했다.

도큐프라자 시부야는 연간 500만~600만 명의 시니어들이 방문할 것으로 기대하고 있다. 도큐프라자 관계자는 "프리미엄급 시니어 라이프스타일을 제안함으로써 새로운 시부야의 매력을 발산할 계획"이라며 "중첩되는 시간의 가치를 알고 본

질적인 것의 매력을 중시하는, 인생 제2막을 즐기려는 성숙한 어른들을 타깃으로 고품격 공간 만들기를 실현할 것"이라고 말했다.

"재취업 싫다"
도쿄 심장부에 자리 잡은 시니어 '앙트러 살롱'

초고층의 대기업들의 본사와 관공서가 밀집해 있는 일본 도쿄의 비즈니스 중심지, 아카사카赤坂.

2021년 8월 이곳에 문을 연 조그마한 공유 오피스가 매스컴의 주목을 받았다. '아카사카 앙트러 살롱.' 기업가 정신을 뜻하는 앙트러프러너십entrepreneurship과 살롱을 합성한 말로, 기업하는 사람들의 사교모임이라는 뜻이다.

그런데 이곳은 보통의 공유 오피스와는 분위기가 조금 다르다. 오피스에 입주한 구성원 대부분이 머리색이 희끗희끗한 시니어들인 게 눈에 띈다. 이곳에 둥지를 틀려면 50세 이상이어야 한다. 앙트러 살롱은 제2의 인생을 창업으로 재도전하려는 중장년층을 위한 비즈니스 아지트인 셈이다.

시니어 창업의 거점 앙트러 살롱에서는 창업과 관련한 다양한 시니어 맞춤형 서비스가 제공된다. 회사 설립부터 영업 마케팅 노하우까지 시니어 창업과 관련한 전문적인 교육과 창업 선배들의 현실적인 컨설팅을 받을 수 있다. 회사 능기 장소, 사무실 소재지 등으로 등록이 가능해 이곳을 회사로 활용할 수도 있다. 최근 온라인 비즈니스가 활성화되면서 인터넷상의 온라인 사무소도 제공된다.

앙트러 살롱의 가장 큰 매력은 네트워킹이다. 매달 정기적으로 개최되는 교류회를 통한 창업 선후배 동료들과의 비즈니스 만남은 시니어 창업가들에게 피와 살이 되는 실질적인 도움이 된다고 한다.

시니어 창업자를 위한 공동사무소 앙트러 살롱의 등장은 이번이 처음이 아니다. 아카사카 살롱은 14호점이다. 앙트러 살롱은 2010년 도쿄의 최대 번화가이자 유행의 중심지 긴자銀座 1호점을 시작으로 시부야, 신주쿠, 요코하마 등 이른바 가장 핫한 비즈니스가에 등장했다. 앙트러 살롱의 가입 회원은 최근 1만 명을 돌파하는 등 회원 수의 증가세가 가파르다.

앙트러 살롱을 운영하는 (주)긴자세컨드라이프의 가타기리 미오片桐実央 사장은 "단카이 세대 등 베이비부머의 은퇴를 기점으로 창업에 도전하는 시니어들이 눈에 띄게 증가하고 있다"고 분위기를 전했다. (주)긴자세컨드라이프는 이 단카이 세대의 정년퇴직이 시작되던 시기인 2008년에 설립됐다. 50~60대를 대상으로 정년퇴직 후 창업을 지원하는 콘셉트로

시니어 창업자금 지원하는 일본의 주요 제도

지원사업	시니어 대상	지원금액(엔)	비고
여성, 청년, 시니어창업, 서포트 사업(도쿄도)	55세 이상	최대 1,500만 (운전자금 750만)	저리융자 및 전문가의 사업계획 컨설팅
여성, 청년·시니어 기업가지원자금 (일본정책금융공사)	55세 이상	최대 7,200만 (운전자금 4,800만)	기술, 노하우, 창의성 있으면 융자조건 유리
중도채용 등 지원조성금, 평생현역 기업지원 코스 (후생노동성)	40세 이상	일부 비용	창업 시 중장년층 고용할 경우 지원
창업조성사업 (도쿄도 중소기업진흥공사)	연령 제한 없음	최대 300만	지정 인큐베이터 시설 이용, 전문가 조언 지원

일본의 시니어 창업 증가 추이

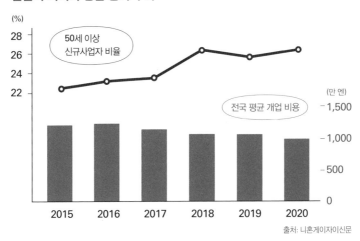

출처: 니혼게이자이신문

출범해 긴자에 위치한 긴자세컨드라이프 본사에서 매월 열리는 비즈니스 교류회는 시니어 창업의 성지라 불릴 정도로 위상이 높다. 교류회는 같은 업종은 물론이고, 다른 업종 간 교류회도 인기가 높다고 한다. 앙트러 살롱의 인기는 그만큼 창업을 희망하는 일본 시니어가 늘어나고 있다는 것을 말해준다. 일본정책금융공고종합연구소에 따르면 개업 연령 기준 50세 이상 비율이 2019년 25%를 넘어섰으며 개업 평균 연령도 43.5세로 사상 최고를 기록한 것으로 조사됐다. 이 수치는 일본정책금융공고로부터 융자를 받은 사람을 대상으로 한 것으로, 개업 비용을 자체 조달한 경우까지 포함하면 시니어층의 창업 비율은 더 높을 것으로 니혼게이자이신문은 추산했다. 일본정책금융공고는 일본 중앙정부가 전액 출자한 정책금융기관이다.

일본에서 시니어 창업이 증가하는 이유로 전문가들은 세 가지를 꼽는다. 먼저 인구 구조적 현상인 초고령사회가 낳은 100세 시대를 들 수 있다. 그만큼 시니어들의 일할 의욕이 강해졌다는 것이다. 정년퇴직 이후 30여 년의 노후를 그저 주어진 여생餘生으로만 인식할 수 없는 지금의 건강한 고령자들은 '평생현역'을 외친다. 〈일본고령사회백서(2020년)〉에 따르면 60~64세는 82.6%, 65~69세는 60%가 취업자로 일하고 있다. 이들 중 40% 이상이 '일할 수 있을 때까지', 즉 평생현역을 희망하고 있다. 75세까지라는 응답이 9할에 가까울 정도로 일에 대한 의욕이 높다. 현재 일하는 일본 시니어 중에는 그동안 다녔던 회사의 정년 이후 재고용 제도를 이용해 계속 근무하거나, 다른 회사로 재취업하는 경우가 다수이다.

하지만 최근 들어 재고용과 재취직보다 창업을 선택하는 시니어가 늘어나고 있다고 한다. 전문가들은 이에 대해 첨단 기술의 보급이 기폭제가 됐다고 분석한다. 첨단 IT, 네트워크 기술 발달로 큰돈 들이지 않고 창업이 가능한 점이 시니어들에게 창업 의욕을 높여주고 있는 것이다. 무료 홈페이지 작성 서비스를 비롯해 SNS 등을 통한 무료 마케팅 방법 활성화 등이 그것이다. 일본정책금융공고에 따르면 연 평균 개업 비용은 1,055만 엔으로 최저치를 경신한 것으로 나타났다. 2000년에 비해 500만 엔이나 낮아졌다고 한다. 현재 일본에서는 1엔만으로 기업을 일으킬 수 있다. 코로나19 팬데믹 상황이 길어지는 상황에서 랜선워크, 텔레워크 등 기업하기 쉬운 환경이 만들어졌던 것도 시니어들의 창업 의욕을 북돋우는 계기가 됐다.

가타기리 ㈜긴자세컨드라이프 대표는 정부와 지자체 등 행정의 창업 지원 서비스 강화도 시니어 창업 활성화 요인으로 꼽는다. 일본 정부는 또한 일본부흥전략의 하나로 '개업률 10%' 목표를 내걸고 다양한 창업 지원을 하고 있는데 현재 일본의 개업률은 5% 정도다. 상담 창구 개설, 창업 세미나 스쿨 등 교육 강화, 지원금 및 저리 융자 같은 금융지원책 등이 그것이다. 일본정책금융공고의 '여성, 젊은층·시니어 기업가 지원 자금' 제도는 여성은 연령 불문, 남성은 55세 이상을 대상으로 하는 융자 지원제도인데 최대 1,500만 엔(운전자금 750만 엔 포함)을 저리(2% 전반)로 빌려준다. 전문가의 사업 계획 컨설팅도 지원해준다. 지방자치단체 도쿄도 또한 '여성 젊은층·시니어 창업 서포트 사업'을 지원하는데 신용금고·신용조합과 함께 저리 융자해주는 것 외에 자금 계획, 판로 개척 등 전문가 조언을 해준다. 변제가 필요 없는 보조금 지원도 있다. 후생노동성이 관할하는 조성금인 '평생현역 창업 지원 코스'는 40세 이상을 대상으로 창업을 희망하는 중장년을 고용할 경우에 채용 비용 일부를 지원해준다.

모든 창업이 그렇지만 특히 시니어 창업 시 과도한 기대는 금물이라고 전문가들은 강조한다. 바람직한 시니어 창업의 형태로 '느긋한 창업', '슬로 창업'을 추천한다. 느긋한 창업이란 쉽게 말해 '로 리스크, 로 리턴low risk, low return (낮은 위험, 작은 수익)'을 말한다. 일본정책금융공고는 연령대별 창업 후 경영 상황을 조사한 결과, 적자 상태인 기업이 50대 이상에서 40%로 젊은층(20~30%)보다 높은 것으로 나타났다.

능력 있는 7080을 잡아라!
스페셜리스트로 활약, 현역 준하는 처우

코로나19가 한창 기세를 부리던 2022년 3월 초 즈음 일본의 한 유명 생명보험회사 입사식이 현지 언론의 화제를 모았다. 코로나19로 인해 온라인으로 열린 입사식에 참석한 신입사원들의 면면이 보통의 입사식과 많이 달랐기 때문이다. 신입사원들의 연령은 모두 60세 이상. 정년 후 '스페셜리스트'라는 직책으로 재입사하는 시니어 사원들의 새 출발을 기념하는 '또 한 번의 입사식'이었다. 스미토모생명보험은 2021년부터 정년퇴직 연령을 60세에서 65세로 연장했다. 정년 연장과 함께 60세 이후 근로 형태로 스페셜리스트라는 직책을 신설했다.

일본에서는 정년 후 재고용 제도(임금피크제 해당)를 통해 65세, 길게는 70세까지도 일할 수 있다. 고령자고용촉진법으로 기업의 고령자 고용을 의무화하고 있다. 하지만 대부분의 기업에서 재고용 후 임금은 현역 때보다 크게 낮아진다. 재고용 임금 삭감이 일률적으로 적용된다. 능력 있는 시니어 사원들에게 임금 삭감은 일할 의욕을 크게 떨어뜨리기에, 기업들은 자칫 우수한 시니어 인력을 빼앗길 수 있다.

이 같은 문제를 걱정한 스미토모생명보험이 고안해낸 시

니어 고용 제도가 스페셜리스트라는 직책이다. 스페셜리스트는 이른바 잡JOB형 일자리다. 일본에서는 직무와 역할을 명확히 하고 보수는 직책과 성과에 연동하는 일자리를 잡형 일자리라고 부른다. 스미토모생명보험은 시니어 스페셜리스트에게 기존의 재고용 때와 비교해 최대 1.5배의 임금을 지급한다. 사내 복지 등 다른 처우도 현역 때와 크게 다르지 않다. 60대 사원의 일할 의욕을 자극해 자신들의 역량을 발휘하도록 하려는 목적에서다. 동시에 인재 유출도 방지하겠다는 의도다.

요즘 일본에서는 시니어 사원들의 몸값이 뛰고 있다. 현지 기업들은 다양한 당근책을 흔들며 '귀하신 몸'을 유인하는 데 공을 들이고 있다. 80세 넘어서도 정규직으로 일할 수 있게 정년 제도를 아예 철폐하는가 하면 급여, 상여금 등 처우도 적극 개선하고 있다. 유연한 근무 제도를 도입하는 것은 물론이고, 회사 일 이외의 겸업도 허용하고 있다. 시니어들이 안전하게 일할 수 있도록 근로 환경에 안전장치를 마련해주고 이들의 건강을 돌보는 복리후생 제도를 도입하는 회사도 늘어나고 있다.

이처럼 최근 일본 기업들의 '시니어 직원 모시기'는 분위기가 과거와 사뭇 다르다. 예전과 질적 차이를 느낄 수 있을 정도로 시니어 고용에 진정성이 느껴진다. 일본 기업들은 왜 이렇게 시니어 직원들에게 공을 들이고 있는 걸까?

국립사회보장인구문제연구소에 따르면 일본 전체 생산 연

령 인구(15~64세)는 2040년 5,978만 명으로 2015년과 비교해 1,750만 명이나 줄어들 것으로 전망한다. 반면에 65세 이상의 고령화율은 35.3%까지 상승할 전망이다. 당장 투입 가능한 인력으로서의 시니어 활용이 기업에 있어 필수 과제로 부상한 것이다. 능력 있는 시니어 직원이 진짜 필요해진 것이다. 실제로 이 같은 일손 부족이 시니어 고용 확충을 재촉하고 있다. 가전 양판점 노지마ノジマ는 그룹 차원에서 2022년 봄 입사 시즌 때 870명 정도의 신규 채용을 계획했지만 약 700명 확보에 그쳤다고 한다. 다이이치생명경제연구소 마토바 야스코的場康子 수석연구원은 "저출산·고령화의 영향으로 일하는 세대의 감소는 불가피하다. 모든 업계는 아니지만 인력난은 계속될 것"이라고 지적했다. 쓸 만한 인력이 부족한 상황에서 우수한 시니어의 유출은 회사엔 타격이 아닐 수 없다. 일본 언론은 최근 기업들의 시니어 사원 모시기가 인력 유출을 막는 대응 측면이 강하다고 분석한다.

다이와하우스공업Daiwa House Industry은 최근 60세의 일률 직책 정년제를 폐지했다고 발표했다. 급여 등의 처우도 개선해 시니어 사원의 새로운 활약을 응원한다고 강조했다. 이 회사는 2013년 4월부터 '65세 정년제'를 도입했다. 2015년 4월에는 65세 이후에도 현역으로 고용하는 '액티브 에이징 제도(상한 연령 원칙 70세)'를 마련해 노동 의욕과 일정한 업적이 있는 시니어 사원의 활약의 장을 넓혔다. 그러나 급여·상여 지급 수준이 떨어지고 직무 정년도 60세인 채로 유지됐다. 이 때문에 시니어 사원의 의욕 저하와 전문기술을 보유한 우수 사원의 유출이 문제로 떠올랐다. 다이와하우스공업은 먼저 60세의 일률적인 직무 정년을 폐지하고 60세 이후의 직무 임용 및 승격도 가능하도록 인사 제도를 바꿨다. 급여·상여 지급 수준도 60세 수준을 유지하는 형태로 변경했다.

야마토하우스공업Yamato House Industry도 60세 직무 정년을 폐지하고 급여 등의 처우를 개선했다. 종업원의 자율적인 커리어 형성이나 성장, 자기실현을 돕기 위해 부업을 중심으로 한 '크로싱 커리어 지원 제도'를 도입했다. 회사는 "풍부한 경험과 지식, 고도의 전문 자격을 가진 시니어 사원이 그만두지 않도록 노동 의욕 향상을 도모하는 동시에 전직轉職 시장에서 커리어 채용 경쟁력을 강화하기 위한 것"이라고 강조했다. 최근에는 잡형 일자리를 도입하는 움직임도 확산하고 있다. 연공서열형 임금 체계에서 탈피하고 직무·성과형 인사관리 시스템을 도입해 우수한 인재를 확보하고 직원들의 생산성을 높이려는 움직임이 확산되고 있는데, 스미토모생명보험의 시도는 이러한 흐름의 하나다.

퍼솔종합연구소의 고바야시 유지 주임연구원은 시니어야말로 잡형 고용이 적합하다고 주장한다. 성과를 기준으로 활약에 따라 처우를 바꾸는 능력 가치 발휘형이 시니어 고용의 바람직한 모습이라는 것이다. 시니어는 보람을 느낄 수 있고, 기업도 기여를 기대할 수 있다고 강조했다. 고바야시 연구원은 "기업은 처우 본연의 자세를 근본적으로 재검토해야 한다"며 "종래에는 연금 지급 연령 상향에 따른 복지 고용 측면이 있었다. 이는 개별적인 능력이나 의욕을 고려하지 않는 일률적인 처우다. 그렇게 하면 우수한 시니어는 빠져나갈 수 밖에 없다. 이러한 직장에서는 젊은이의 이직률도 높아진다"고 지적했다.

일본판 웰다잉 '종활'에 빠진 시니어들
지자체의 주민 엔딩 서포트 사업 확산

노인 대국 일본에는 팔순이 넘은 어르신이 1,230만 명이나 된다. 2005년 초고령사회로 진입한 이후 십수 년이 흘렀기 때문이다. 나이 든 사람이 많다 보니 사망자 수도 크게 늘어나고 있다. 2022년 기준 연간 사망자 수가 140만 명을 넘어서면서 일본 언론에서는 '다사多死 사회'라는 말이 자주 등장한다. 사망자가 많아지면 죽음에 대한 사회적 인식도 변하기 마련이다. 2025년 한국도 어르신 인구 비율이 20%를 돌파하면서 초고령사회로 진입한다. 일본처럼 죽음이라는 인생사가 남의

일이 아니다.

일본에서는 웰다잉 대신에 '종활(일본어로 슈카쓰)'이라는 용어를 사용한다. 종활이란 마지막이라는 뜻의 종終에 활동의 활活을 조합해 만든 조어다. 위키피디아는 종활을 '인생의 끝을 위한 활동이라는 의미로, 사람이 스스로의 죽음을 의식하면서 인생의 최후를 맞이하기 위한 다양한 준비와 이와 관련한 삶의 총괄 활동'으로 정의한다. 종활이라는 말은 2009년 여름 주간아사히가 '현대 종활 사정'이라는 연재 기사를 게재하면서 대중에게 처음 등장했다. 연재 초기에는 주로 장례나 장묘에 관한 정보와 사전 준비 요령이 담겼다가 후반에는 죽음 준비를 넘어 현재 인생을 잘 살기 위한 준비로 개념이 확장됐다.

종활은 여생의 생활 설계, 생전 정리, 장례·장묘의 준비,

엔딩노트 작성으로 4대 부문으로 정리할 수 있다.

'여생의 생활 설계'는 종말기 거주 형태, 즉 자택에서 보낼지 고령자 시설에서 보낼지 결정해두고 준비하는 것이다. 간병·돌봄에 대한 희망, 연명치료에 대한 의사 표시를 분명히 해두는 것도 포함된다. '생전生前 정리'는 재산이나 소지품 정리, 상속 재산 처분 등이 이에 해당한다. 유언장 작성이 중요한 활동이다. 최근에는 디지털 유품 처리도 관심이 높아지고 있다. 어떤 장례식을 원하는지, 장례식에 누구를 부를지, 묘지와 묘석, 수의, 영정사진 등을 어떻게 할지도 종활의 대표 항목이다. '엔딩노트'는 종활의 모든 부분에 관여하기 때문에 법적 효력은 없지만 종활 계획서로서 중요한 활동이다. 본인의 정보부터 가족·친척·친구 정보, 의료·간호에 관한 희망, 재산 정보, 장례·매장 희망, 기타 누군가에게 전하고 싶은 말 등을 기록한다.

종활의 확산은 일본 고령자들의 죽음 관련 라이프스타일을 바꿔가고 있다. '생전 계약生前契約'이라는 게 있는데, 자신의 사후에 필요한 수속, 절차 등을 살아있을 때 미리 계약해두는 것을 말한다. 독거노인이 생전에 장례업체에 비용을 지불하고 자신의 사후 절차를 위탁하는 것이다. 장례뿐만 아니라 신원 보증이나 재산 관리에서부터 안부 확인이나 간병과 같은 일상생활도 서포트해준다.

미쓰이스미토모신탁은행은 2020년 4월부터 '1인 신탁'이라는 생전 계약 신탁상품을 선보였다. 돌봐줄 가족과 친인척이 없는 독신자를 대상으로, 생전에는 주로 안부 확인, 사후에는 엔딩노트에 기재된 희망에 따라 서비스한다. 수탁 금액은 300만 엔 이상으로 경제적 여유가 있는 고령자가 주요 고객이다. 유통그룹 이온AEON은 2016년부터 이온 라이프 서비스를 시작했다. 이온센터가 가족을 대신해 신원 보증인이나 긴급 연락처 응대를 맡고, 긴급 입원 시 절차를 대행해준다. 종활 사이트 가마쿠라신쇼鎌倉親書의 '좋은 생전 계약 서비스'는 기본요금 25만 엔 정도의 저가형 서비스로 보험증이나 운전면허증, 여권 등의 반납과 사망 신고, 납세나 연금 신고, 부고 연락을 주 업무로 하고 있다. 고인이 사랑했던 풍경 사진을 코팅한 관, 축구를 유난히 좋아했던 고인을 기려 만든 축구공 유골함, 고인이 좋아했던 보석으로 수놓은 서양식 여성 수의壽衣, '에필로그 드레스'도 인기다. 에필로그 드레스는 1,500만~2,000만 원이 넘는 것도 있다.

타워형 납골당의 등장도 종활이 낳은 비즈니스다. 이 납골당은 주차 빌딩처럼 번호나 카드를 대면 타워에 비치된 납골이 참배 부스로 자동 이동되면서 참배하는 방식이다. 핵가족화로 가족묘가 사라지고, 후대에 조상 묘지 관리를 기대하기힘든 현실이 '납골 빌딩'을 출현시켰다.

일본에서는 같은 장소에 납골묘를 마련한 고령자끼리 교류하는 사람을 '묘 친구墓友'로 부르는데, 저세상을 함께 준비하는 동창생쯤 된다. 묘 친구들은 매년 벚꽃이 필 즈음 한자리에 모여 시를 낭송하거나 애도식을 갖고 먼저 간 고인의 명복을 빌어준다. 카페에서 커피나 다과를 즐기면서 죽음에 대해 이야기하는 '데스 카페Death Cafe'도 있다. 죽음 준비 교육장인 셈인데, 이 같은 죽음 커뮤니티가 2011년 동북대지진 이후 많이 늘었다고 한다.

다사사회가 본격화되면서 간병과 함께 임종도 사회가 떠안아야 한다는 목소리가 커지고 있다. 2015년 초 요코스카橫須賀시에서는 고독사한 노인이 남긴 쓸쓸한 생전 편지가 공개되면서 충격을 줬다. 시는 그해 7월부터 경제적으로 어려운 독거 고령자를 대상으로 사후 절차를 지원하는 '엔딩플랜 서포트 사업'을 시작했다. 시청에 담당 창구를 두고 고령자의 희망에 따라 장례업체와 생전 계약을 체결하도록 중개해준다. 비용은 20만 6,000엔 정도.

시는 장례업체에 일부 예산을 지원하고 있다. 가나가와神奈川현 야마토大和시는 1인 세대 종활을 지원하는 전용 창구를 설치하고 종활 컨시어지(집사) 제도를 시행하고 있다. 종활 컨시어지는 장례·납골 이외의 방 정리나 유품 정리, 상속 재산 처분 등 다양한 서비스를 제공한다.

일본 종활의 등장 배경인 가족 관계의 소원화, 저출산·고령화로 인한 죽음에 대한 인식의 변화, 독거 고령자의 증가 등은 한국의 현재 모습이기도 하다. 최근 국내에서 웰다잉을 통한 주체적인 죽음에 대한 논의가 확산되고 있는데, 일본의 종활이 참고가 될 만하다.

신고령 세대의 키워드

'신세대 고령자'의 등장
No 은퇴, No 의존, No 무리

30년 전 노인들은 몇 살까지 살고 싶어 했을까? 현재 노인들의 희망 수명은?

과거의 고령자들은 돈보다 마음의 행복이 더 소중했다고 한다. 지금의 고령자들도 그럴까?

지난 80년대 중반 이후 30년 동안 고령자들의 사고방식과 라이프스타일의 변천을 추적한 보고서가 있다. 세대별 라이프스타일을 연구하는 일본의 하쿠호도博報堂 생활종합연구소 (이하 하쿠호도연구소)가 내놓은 연구보고서, 〈실버 30년의 변천〉이 그것이다.

이 연구소는 1986년부터 10년에 한 번씩(1986년, 1996년, 2006년, 2016년 각 8월) 고령자 세대(60-75세)를 대상으로 그들의 생각과 생활 행태에 대한 집중도 높은 설문 조사를 실시해왔다(수도권 남녀 700명, 앙케이트 및 인터뷰 조사). 이 같은 추세 분석(시계열 분석)을 통해 고령자 세대의 사고방식 및 라이프스타일 변화를 추적하고 있다.

1986년 그때만 해도 일본에 고령화는 '남의 일'이었다. 40년 가까이 지난 지금, 일본의 고령화율은 29%를 넘어섰다. 초고령사회로 변모한 일본에서 고령자들은 과거의 힘없는 소수자가 아닌 파워풀한 '머저리티majority'로 부상했다.

또 하나 주목할 만한 변화는 80년대 중반 현역으로 일하며 세계 경제 2위 일본의 전성기를 구가했던 전후戰後 베이비붐 세대인 단카이 세대가 고령자 세대에 합류했다는 점이다. 하쿠호도연구소는 베이비붐 세대가 고령 세대로 진입함으로써 고령자들의 사고와 라이프스타일의 '질적 변화'가 분명해지고 있다고 분석했다.

'실버 30년', 그동안 어떤 변화가 있었을까.

먼저 삶의 길이, 그리고 희망 수명. 30년 전 고령자들은 여든 살까지 살기를 원했다. 당시 평균 수명은 78세(남성 75.8, 여성 80.5)였다. 남들보다 좀 더 오래 사는 것이 '집안의 경사'로 받아들여졌다. 2016년 고령자들의 희망 수명은 30년 전보다

네 살 늘었다. 지금 고령자들의 평균적인 희망 수명인 84세는 흥미롭게도 현재 일본의 평균 수명 84세(남성 81세, 여성 87세)와 거의 일치한다.

오래 살고 싶어 하는 만큼 건강에 대한 투자 열의도 강해졌다. 최근 조사에서 "스포츠클럽에 회원으로 가입하고 싶다"는 고령자가 전체 응답자의 절반 정도인 49%였다. 30년 전에 비하면 26%포인트나 증가했다.

심리적 나이, '마음 연령'은 어떨까?

이 항목은 가장 최근의 조사에서 처음 실시한 것이어서 과거와 비교할 수는 없지만, 현재 고령자의 인식을 파악하는 데 의미가 있어 보인다. 최근 고령자들이 느끼는 심적 나이는 53세가 대세였다. 실제 연령과의 차이는 14세나 된다. '나이는 숫자일 뿐 마음은 언제나 청춘'이라는 과거의 유행가는 지금도 여전한 것으로 나타났다.

삶에 대한 태도의 변화도 살펴보겠다. 행복과 돈 사이에서 올드 실버는 행복을, 뉴 실버는 돈을 택했다. 지금의 고령자 10명 중 4명(40.6%)은 정서적인 행복도 중요하지만 당장 현실의 재정적 안정이 더 중요하다고 답한 것이다. 돈을 선택한 고령자들은 30년 전에 비해 13%포인트 증가한 반면 돈보다 마음의 행복이 중요하다고 생각하는 사람은 31%에서 16%로 절반 가까이 줄었다.

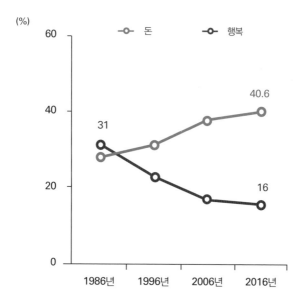

(%)

```
60 ┤        ─○─ 돈        ─●─ 행복

                                          40.6
40 ┤                              ○─────○
      31
20 ┤   ●                                  16
                  ●─────
                          ●─────●

 0 ┤
    └────┬────────┬────────┬────────┬────
      1986년   1996년    2006년    2016년
```

　연구소는 노후 기간의 '획기적 연장'에 그 원인이 있는 것
으로 분석했다. 100세 시대로 불리는 요즘은 은퇴 후 짧게는
20년, 보통 30년의 노후를 보내야 하는 게 현실로 다가왔다.
어느 정도 안정적이고 평온한 장수長壽를 뒷받침하기 위해서
'자산 수명'의 장기화는 불가피한 선택이라는 이야기다. 긴 노
후의 생계를 헤쳐나가야 하는 신세대 고령자에게 현실적으로
돈이란 선택이 아닌 필수가 되고 있다고 연구소는 지적했다.

　신세대 고령자들의 절반 이상이 인생 60세, 그러니까 현역
은퇴를 '또 하나의 출발(재출발 시기)'로 받아들였다(전체 응답의

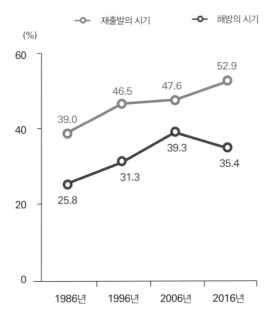

재출발의 시기　　　해방의 시기

(%)

60

52.9

46.5　　47.6

39.0

40

39.3

35.4

31.3

25.8

20

0

1986년　1996년　2006년　2016년

52.9% 차지). 30년 전의 35.4%보다 크게 상승했다. 10년 전까
지만 해도 고령자들에게 인생 60세는 '해방구'였다. 눈에 띄는
점은 '해방구에서 재출발'로의 인식 변화 속도가 최근 10년간
눈에 띄게 가팔랐는데, 이는 '액티브 시니어'가 주류를 이루는
베이비붐 세대가 은퇴 세대로 힙류했기 때문으로 풀이된다.

　하지만 고령자들의 적극적인 인생철학에도 불구하고 이들
이 느끼는 미래는 그리 밝지 않았다. 미래가 어둡다는 응답이
과거에 비해 가파르게 증가했다는데, 요즘 고령자 세대의 절

반(46.7%)이 "앞으로의 삶이 어둡다"고 답한 것이다. 연구소는 직접적인 원인으로 '가처분 소득의 감소'를 꼽았다.

'한 달 용돈'을 비교해봤더니 최근 결과는 30년 전 조사치를 밑돌았다. 특히 2006년부터 10년간 매년 약 5,000엔씩 줄어들더니 급기야 최근에는 30년 전의 수준에도 못 미쳤다. 2000년대 중반은 일본 경제가 '잃어버린 10년(1995~2005년)'을 겪으면서 사회 전체가 불황으로 바닥을 향해 걸었던 시기다.

인간관계의 변화도 눈에 띄었다. 신세대 고령자들의 '독자 생존' 의지가 강렬해진 점이 가장 큰 특징이다. "자녀와 함께 살고 싶다"는 응답은 절반 이하로 뚝 떨어졌다. 1986년 조사 때(28%)보다 두 배나 높은 51%가 자녀와의 동거를 거부했다.

부부 관계는 어떨까? 배우자와 같은 취미를 갖고 있다는 답변은 줄었다(69%→50%). 하지만 요즘 고령자들의 절반이 부부 공통 취미를 갖고 있다는 점은 주목할 만하다고 연구소는 지적한다. 자녀에 대한 기대가 급감한 데 대한 '대안 심리'가 작용한 것으로 분석됐다. 연구소는 또 장수화로 간병 기간이 길어질 수 있다는 점에 대해 요즘 고령자들의 걱정이 커지고 있다며 '주변과의 공멸共滅'보다는 독자생존의 현실적 의지가 반영된 것이라고 풀이했다.

하쿠호도연구소는 위와 같은 추세 분석을 토대로 신세대 고령자의 세 가지 특성을 추출해냈다. 요즘의 고령자를 '제2

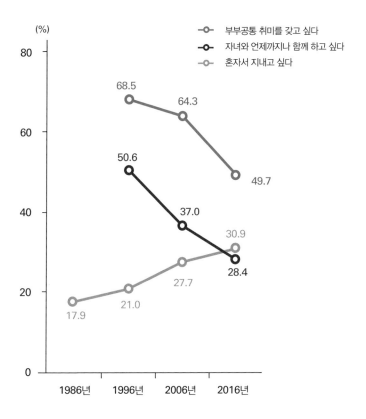

(%)

○ 부부공통 취미를 갖고 싶다
● 자녀와 언제까지나 함께 하고 싶다
○ 혼자서 지내고 싶다

80

68.5
64.3

60

50.6
49.7

40
37.0
30.9

28.4

20
27.7

17.9 21.0

0

1986년 1996년 2006년 2016년

세대 고령자'로 칭하면서 80세 인생 세대와 지금 100세 장수 세대를 구분했다.

제2세대 고령자의 특징 세 가지는 ①은퇴하지 않는다(재 출발 의지가 강하고, 정보화 시대에도 적극적으로 대응한다), ②의존하지 않는다(부모 자녀 간 관계에 기대지 않고, 동조 보다 독자 의식이 강하다), ③무리하지 않는다(냉정하게 현실을 직시, 무리하거나 너무 애쓰지 않고 긴 호흡으로 대처한다)이다.

"60세가 지나도 사회와 인연을 유지하려고 하고, 남에게 의존하지 않고 자립할 수 있는 힘을 키우고, 무리하게 애쓰지 않고 자신의 속도에 맞춰 현재의 생활에 집중하는 세대."

하쿠호도연구소가 분석한 신세대 고령 세대의 생활 철학과 라이프스타일이다. 이 연구소는 요즘 고령자들과 과거 세대의 가장 큰 차이를 "인생의 장기전에 대비, 지속가능한 인생을 설계할 수 있는 힘을 갖췄다는 점"이라고 강조했다. 당장 코앞에 닥친 과제(문제)에 대해 부정적으로 대응하기보다 과제를 동력으로 바꿀 수 있는 기술(힘)이 있다는 점이 제2세대 고령자에게서 새로 발견된 고령자 DNA라는 것이다.

시니어 시장을 주도하는
중장년 여성의 3대 마케팅 키워드

'시니어 시프트senior shift.'
초고령사회 일본의 유통업계에서 요즘 가장 핫한 이슈 중 하나다. 시니어 시프트란 소비 중심이 기존의 젊은 층에서 시니어 쪽으로 옮아가고 있는 현상을 말한다. 실제로 일본 전체 소비 가운데 60대 이상 중장년층에 의한 것이 절반 이상을 차지하는 것으로 조사되고 있다. 그만큼 고령화 사회에서 시니어들의 소비 트렌드는 비즈니스의 성패를 가름할 정도로 중요한 테마다. 업계에서는 시니어 중에서도 특히 여성 시니어를 주목한다. 일반적으로 소비 성향이 남성보다 높기도 하지만 인구 측면에서도 평균수명이 긴 여성 인구가 소비 시장에 더 많이, 더 오래 머물러 있기 때문이다.

2023년 기준 일본인의 평균수명은 여성 87.09세, 남성 81.05세이다. 이 때문에 일본 유통업계에서는 여성 시니어의 마음을 사로잡기 위한 다양한 소비자 연구와 마케팅이 펼쳐지고 있다.

그중에서도 라이프 트렌드 분야에 전문성이 높은 한 리서치업체가 내놓은 연구 결과가 흥미롭다. 리포트 제목은 〈상식이 바뀌다. 인생 100세 시대의 '신시니어 像'〉이다. (주)리서치 앤 디벨로프먼트가 2019년 7월 발간한 이 보고서는 고령화 시대 여성 시니어들의 라이프스타일과 삶의 인식에 대한 변화를 3개의 키워드로 소개하고 있다.

먼저 조사 방식부터 독특하다. (주)리서치 앤 디벨로프먼트가 2012년부터 도입한 커뮤니티 조사라는 이 인터뷰 방식은 시니어들의 리얼한 모습, 속내를 파악하는 데에 중점을 두고 있다. 매달 1~2회 정기적으로 65~74세의 시니어 여성 다섯 명을 초대해 다과를 즐기며 편안한 분위기 속에서 다양한 일상의 이야기를 자유롭게 나누도록 한다. 커뮤니티 면담은 한두 번에 끝내지 않고 동일 참가자들 모임을 지속적으로 진행한다.

(주)리서치 앤 디벨로프먼트는 100회에 걸친 커뮤니티 리얼 토크를 분석해 주목할 만한 3개의 키워드를 뽑아 제시했다.

첫 번째 키워드는 자신을 시니어로 받아들이지 않은 '탈脫시니어' 트렌드다. 참가자들은 시니어라는 용어를 주로 자기보다 나이가 많은 80대 고령자나 부모 세대를 가리켜 지칭했고, '시니어 분들은~'이라는 경어 표현을 지속적으로 빈번하게 사용했다. 조사 보고서는 이를 두고 요즘의 여성 장년층이 스스로를 시니어라 생각하지 않고 있음을 보여주는 것이라고 분석했다.

신시니어 여성들은 초콜릿 등 디저트 음식, 화장품 등 핫한 유행에 민감하고, 자신의 생각이나 행동이 50대와 크게 다르지 않다고 인식하는 것으로 나타났다. 시니어 여성들을 공략한다면서 '시니어를 위한 ○○○', '시니어용 ○○○'이라는 용어를 쓰는 서비스나 상품이 정작 이들로부터 외면받는 데는 그만한 이유가 있어 보인다.

두 번째 키워드는 '건강함이란 현재의 상태를 유지하는 것'이다. 시니어들의 건강에 관한 관심은 다른 연령층에 비해 높다. 젊은 세대가 가지고 있는 건강함에 대한 인식과는 그 뉘앙스에 차이가 있다고 리포트는 강조한다. "작년에 할 수 있었던 것이 요즘에는 잘 안 되네요", "해가 갈수록 몸이 둔감해져요", "의사에게 상담해봐도 딱히 문제 있는 곳이 없다고 합니다." 참가자들의 이 같은 대화를 통해 요즘 시니어 여성들이 '늙음'에 대항하기보다 '늙어감'을 받아들이며 타협해 가고 있음을 알 수 있었다고 보고서는 지적한다.

'현상 유지가 곧 건강함'이라는 생각이 뉴시니어들의 건강론이라는 해석이다. 요즘 시니어에게는 지금의 몸 상태를 유지하면서 앞으로 얼마나 더 오래 활기차고 밝게 생활할 수 있는지가 건강의 최대 관심사라는 것을 알 수 있는 대목이다.

마지막 키워드는 사람과의 관계다. 특히 배우자와의 관계인데 '너무 가깝지 않게, 그렇다고 너무 멀지도 않게'가 키워드로 꼽혔다. "남편과 함께하는 시간은 아침과 저녁 식사 때만", "이웃과는 굳이 친밀한 관계를 가지려고 노력하지 않는다"는 등의 대화 내용에서 도심형 시니어 여성들이 추구하는 거리두기형 인간관계 트렌드를 엿볼 수 있었다고 이 보고서는 분석한다. 야박하지 않은, 하지만 니무 끈끈하지도 않은 적절한 거리감을 유지하는 것이 신시니어 여성의 인간 관계론이라는 것이다.

손자와의 관계에 관한 이야기들도 흥미롭다. "손자가 제

신시니어 여성상 3대 키워드

1. 나는 시니어가 아니다.
 - 연장자에게 '시니어들은~'이라 표현. 정작 본인은 자각 없어
 - 패션 화장품 등 유행 좇는 의식 행동. 50대와 차이 없어

2. 건강이란 늙음과 마주하면서 현상 유지하는 것
 - 시니어 건강의식 젊은이들과 뉘앙스 차이
 - 늙음 수용, 현재 상태 유지하면서 앞으로 밝게 사는 것이 더 중요

3. 배우자와의 거리, 너무 가깝지도, 멀지도 않게
 - 남편과 함께하는 시간은 아침 저녁뿐
 - 인간관계에 몰입하지 않고, 스트레스 없는 관계 유지 희망

출처: 리서치 앤 디벨로프먼트 시니어 조사

일"이라는 의견도 있는 반면, "예쁜 손자도 3일 지나면 피곤하다", "손자와 놀아주는 교제비가 만만치 않다"는 등 과거에 비해 '메마른' 손자관觀을 보여주고 있다.

니혼게이자이신문은 과거 30년(1990년 초반 이후~현재) 동안의 시니어 비즈니스를 회고하면서 '시행착오의 시간'이라고 평가했다. 소비자인 시니어에 대한 이해가 절대 부족한 상태에서 공급자 위주의 상품과 서비스를 내놓았다는 것이 핵심적인 지적이다. 그러면서 시니어를 하나의 카테고리로 취급

해서는 그들의 공감을 불러일으킬 수 없으며, 한 사람 한 사람의 인생 경험을 우대하는 일대일 맞춤형 서비스를 지향해야 시니어 비즈니스가 성공할 수 있다고 이 신문은 강조했다. 일본의 시니어 마케팅 전문가 무라타 히로유키 씨는 자신의 저서 《그레이마켓이 온다 シニアシフトの衝撃》에서 시니어 시장의 특징을 다음과 같이 일갈한다. "시니어 시장은 다양한 마이크로 시장의 집합체이다. 이 시장에 매스mass 마케팅은 효능을 발휘할 수 없다."

일본 시니어들이 준비하는
제2의 직업들

"자기가 좋아하는 것에 집중하다 보면 세계가 넓어집니다. 파고들수록 재미가 더해지죠. 일단 도전해보는 것, 이것이 중요합니다. 유캔You can으로 새로운 자신을 찾으세요."

일본 TV에 자주 등장하는 유캔의 광고 카피다. 유캔은 일본의 대표적인 온라인 평생교육기관이다. 취업과 이직, 전직, 창업에 대비하는 150여 종의 다양한 자격시험 강좌를 진행하고 있다.

최근 들어 이곳 유캔 수강생 중 50세 이상 시니어가 크게 늘고 있어 주목받고 있는데, 이는 50대 이후 중장년층이 '새로운 자신'을 찾아 재취업과 창업 시장에 적극 뛰어들고 있기 때문이다. 기나긴 노후 대비를 위해 '제2의 직업'을 준비하는 시니어들이 늘어나고 있는 것이다.

일본은 세계에서 가장 늙은 나라다. 평균수명이 늘어나면서 100세 시대가 눈앞의 현실이 되어가고 있다. 정년퇴직 이후에도 20~30년의 긴 노후가 기다리고 있고, 이런 상황에서 인생 제2막을 준비하는 시니어들에게 '똘똘한 자격증'은 매력적인 '재취업 및 창업 자본'이 아닐 수 없다.

유캔은 매년 수강생들에게 인기가 많은 강좌 순위를 발표하고 있는데, 이를 들여다보면 일본 시니어들이 그리는 인생 제2막과 노후의 라이프스타일을 읽을 수 있다. 제2의 직업 선호에서 남녀 간 차이도 흥미롭다. 시니어 수강생들이 선호하는 강좌를 보기에 앞서 유캔의 전체 수강생들이 취업과 이직을 위해 어떤 공부를 하고 있는지 종합 랭킹부터 살펴보자.

2020년 유캔 강좌 톱10에서 영예의 1위는 '의료 사무직'이 차지했다. 의료 사무는 의료 관련기관에서 접수·회계·진료수가 청구서 작성 등의 일을 하는데, 관련 자격증은 이직이나 재취업에 큰 도움이 된다고 한다. 의료 사무직 준비 강좌는 지난 십여 년간 계속해서 부동의 1위를 유지하고 있을 정도로 인기가 높다. 이는 의료 수요가 많은 노인대국 일본의 상황을 잘 반영한 것이라고 전문가들은 분석한다. 다음 2위를 차지한 '(조제)약국 사무' 강좌 역시 오랜 기간 최상위 자리를 유지하고 있는데, 이들 1, 2위 강좌의 인기는 고령자가 많은 일본의 의료 수요가 얼마나 늘어나고 있는지를 보여준다. 3위는 금융으로 부동산업계 취업과 이직 때 무기가 돼주는 '파이낸셜 플래너FP' 강좌다. FP의 인기도 고령화로 인한 긴 노후의 재정 설계에 대한 수요가 커지고 있음을 반영하고 있다.

인기 강좌를 분야별로 살펴보면 초고령사회 일본의 모습이 더 뚜렷해진다. 종합 랭킹 30위권에 드는 강좌 중 의료 부문이 10개를 점유하고 있다. 앞서 말한 의료 사무와 약국 사무 외에도 요양원 사무, 치매 간병사, 멘탈 헬스 매니지먼트 강좌에 제2의 직업을 준비하는 사람들이 몰리고 있다. 건강·음식과 관련한 직업도 빠지지 않는다. 식생활 어드바이저(4위)와 함께 건강 식생활 실천 플래너(13위), 식이요법 코디네이터(17위) 등이 있는데, 건강 식단에 대한 수요가 그만큼 많아지고 있다는 얘기다. 컬러 코디네이터, 정리수납 어드바이저 등 일상생활 관련 강좌도 인기 랭킹에 이름을 올리고 있다.

일본의 50~60대 시니어들이 가장 많이 도전하는 제2의 직업은 어떤 것일까?

먼저 50대. 역시 의료와 관련한 직업의 인기가 높다. 약품 판매 보조원(일반의약품 전문판매원. 일본은 2008년 9월 약사 부족과 무

자격자에 의한 판매 사례 증가 방지를 위해 일반 약을 전문으로 판매하는 의약품 등록판매자 제도를 도입했다)이 1위를 차지했고, 간병 사무와 조제약국 사무, 식생활 어드바이저 등이 뒤를 이었다.

다만 50대 남성 시니어만을 떼어놓고 보면 그들의 희망 일자리는 결이 조금 다르다. 여성은 전체 랭킹에서처럼 약품판매 보조원이 1위였지만, 남성 시니어는 공인중개사 자격 강좌에 가장 많이 몰렸다. 요즘 한국에서도 베이비부머의 정년퇴직이 본격화되면서 공인중개사 자격시험 수험자가 급증하고 있는데, 이유는 일본과 비슷할 것 같다. 또 여성이 의료 간병직을 선호하는 데 비해 남성은 공인중개사에 이어 파이낸셜 플래너, 행정사, 아파트 관리인이 상위를 차지해 대비를 보였다.

60대는 어떨까. 60대도 남성·여성으로 구분해보면, 여성 시니어의 경우 식생활 어드바이저, 레크리에이션 요양사(요양 놀이 프로그램 전문직), 건강식 코디네이터, 조리사 등 주로 식생활과 관련된 직업이 주류를 이뤘다. 60대 남성 수강생들 사이에서는 아파트 관리인이 최고의 인생 제2막 일자리로 꼽혔다. 아파트 관리인의 경우 보통 50대 1의 높은 모집 경쟁률을 기록할 정도로 정년퇴직자들 간 경쟁이 치열해지다 보니, 이 좁은 문을 뚫기 위해 관련 자격 외에도 높은 커뮤니케이션 능력과 생각의 유연성, 부지런함 등이 요구된다고 한다.

이 밖에 60대 남성이 선망하는 직업 강좌로는 50대와 마찬가지로 공인중개사, 행정사, 파이낸셜 플래너 등이 인기다. 눈에 띄는 것은 50~60대 남성 시니어의 인기 강좌에 전기공사 설치사, 위험물 취급사 등 기술적 전문자격에 대한 인기가 높다는 점인데, 기술은 나이를 불문하고 안정적 소득과 일자리를 가져다준다는 데 이견이 없는 듯하다.

유캔의 신규 강좌들은 일본의 최근 사회상을 반영하고 있어 더 관심을 끈다. 이 신규 강좌들은 건강, 일, 취미, 스타일 등 초고령사회를 살고 있는 뉴 시니어들의 라이프스타일을 잘 드러내고 있다. 이들 신규 강좌는 앞으로 고령사회에 새롭게 등장할 새로운 직업과 뉴 비즈니스를 점쳐볼 수 있는 대목이기도 하다.

반려견 사육 스페셜리스트는 이미 가족의 범주로 들어온 반려견의 세밀한 케어에 대한 수요 증가를 보여주고, '세컨드 커리어 어드바이저'라는 직업(자격)은 시니어들의 노후 인생 설계에 대한 고민과 만족스러운 라이프스타일에 대한 욕구를 반영하고 있다고 전문가들은 풀이한다. 이 밖에 뜨개질 강좌, 고문서 입문 강좌, 어른들의 유채화 강좌 등이 등장하고 있는데, 이는 노후의 시간을 보다 풍요롭게 보낼 수 있는 취미들로써 체험소비에 대한 사회적 수요 증가를 예측해볼 수 있는 대목이다. 스포츠 영양플래너, 피부 스페셜리스트라는 신규 강좌도 참신해 보인다.

유캔의 인기강좌 종합 랭킹

1위. 의료사무

2위. 조제약국사무

3위. 파이낸셜 플래너FP

4위. 식생활 어드바이저

5위. 의약품 판매보조원

6위. MOSMicrosoft Office Specialist
스페셜리스트

7위. 부기 3급

8위. 실용 펜글씨

9위. 공인중개사

10위. 컬러 코디네이터

11위. 보육사

12위. 요양원 사무

13위. 건강식생활 실천플래너

14위. 행정사

15위. 인테리어 코디네이터

16위. 조리사

17위. 식이요법 코디네이터

18위. 노무사

19위. 정리수납 어드바이저

20위. 아로마테라피 검정 1,2급

눈길을 끄는 신규 강좌

1. 온천욕 어드바이저

2. 반려견사육 스페셜리스트

3. 세컨드커리어 어드바이저

4. 뜨개질

5. 고문서古文書 입문

6. 어른들의 유채화

7. 스포츠 영양플래너

8. 피부 스페셜리스트

100세 시대 초고령사회에서 평생현역은 선택이 아닌 필수가 되어가고 있다. 일본의 유명 취업·이직 사이트 도다doda는 제2의 직업에 성공하는 사람들의 공통점에 대해 "자신을 객관화할 수 있고, 배움을 지속하는 향상심向上心(지속적인 향상 욕구)이 강한 사람"이라고 평가했다.

젊은 층과 중장년층이 바라보는 미래 이렇게 다르다

시대를 막론하고 '세대 차이'는 존재해왔다. 밀레니얼 세대와 Z세대, 둘을 함께 부르는 MZ 세대, 신중년 세대, 베이비붐 세대, 욜드(Young old의 줄임말) 세대… 요즘에는 과거에 비해 세대에 붙이는 이름들이 더 다양해졌다. 그러나 이러한 명칭이 특정 계층, 세대에 대한 선입견을 강화시키며 오히려 계층과 세대를 분단시키는 요인으로 작용하기도 한다.

평균수명이 길어지면서 사람들은 이제 100세 시대를 살게 된다. 100세 시대에는 같은 시기에 예전보다 더 많은 세대가 함께 살아가야 하는 상황이 발생한다. 그만큼 세대 간 이해와 공존이 중요해진다. 세대 차에 대한 해상도解像度를 높여야 하는 이유다.

최근 일본에서 세대 간 이해도를 높이는 흥미로운 조사가 있었다. 각 세대가 희망하는 미래상에 대해 다각적인 분석이 시도됐다. 연구팀은 세대 간 가치관의 차이가 가장 크게 드러나는 부분이 바로 미래상이라고 강조했다. 아직 실현되지 않은 미래 사회를 상상함으로써 각 세대가 원하는 변화와 원하지 않은 변화의 차이가 분명해진다는 것이다.

하쿠호도연구소가 2022년 특별 기획으로 '2040년에 바라는 미래'에 대해 인식조사를 실시했다. 15세부터 69세까지 1만 명을 대상으로 한 인터넷 설문조사에서 '2040년에 실현될 것 같은 미래 모습' 120개 항목을 제시하고, 각 항목에 대해 '실현됐으면 좋겠다', '실현되지 않았으면 좋겠다', '관심 없다'로 답하게 했다. 이 조사 데이터를 기반으로 최근 일본의 경제 전문 온라인미디어 뉴스픽NewsPicks이 젊은 세대(25세 이하)와 중장년 세대(41세 이상) 간 가치관의 차이, 이른바 세대 차를 다각적으로 분석했다. '1만 명 조사를 통해 본 젊은 세대 vs 중장년 세대, 가치관 차이의 전모'가 그것이다.

젊은 세대의 지지가 높았던 미래상부터 짚어보면 이렇다. '미래의 쟁점 톱20'은 젊은 세대가 바라는 미래상 가운데 중장년 세대와의 격차가 큰 순서대로 나열한 것이다. 젊은 세대와 중장년 세대의 생각이 확연히 다른 대목을 느낄 수 있다. 남성 메이크업, 신체 성전환, 복수 국적 보유, 동성혼同姓婚 등의 항목에서 젊은 세대는 큰 지지를, 중장년 세대는 상대적으로 비호감 반응을 보였다. 세대 차가 가장 많이 느껴지는 미래의 모습인 셈이다. 가상 일터, 가상자산 결제, 아바타 활용 등 이른바 가상현실 세상을 말하는 메타버스Metaverse를 놓고도 젊은 세대와 중장년 세대의 가치관이 확연히 갈리는 것으로 확인됐다.

설문조사를 담당했던 하쿠호도연구소의 미쓰야 마사히로 연구팀은 미래의 쟁점 20개 항목에서 드러난 세대 간 가치관의 차이에 세 가지 특징이 보인다고 분석했다. 개인의 자유와 미래기술의 수용, 가상세계에 대한 신뢰가 그것이다.

연구팀은 세대 차의 첫 번째 특징인 개인의 자유에서는 사회적 의미의 성性을 가리키는 젠더Gender 관련 항목에서 젊은 세대와 중장년 세대의 가치관이 가장 크게 갈렸다고 진단했다. 남성 메이크업과 신체 성전환 등의 항목에 대해 젊은 세대는 "그 사람이 행복하게 사는 것이 가장 중요하다"며 긍정적인 반응을 보인 반면, 중장년 세대는 "그런 부류가 있음은 인정하지만, 그것이 사회의 주류가 되는 것은 별로라고 느낀다"는 의견이 많았다. 중장년 세대는 젊은 세대가 강조하는 '자유 중시'보다 '질서 있는 사회'를 추구하는 경향이 있음을 보이는 대목이다. 남성 메이크업에 대한 젊은 세대와 중장년 세대의 자유 응답에서도 각 세대의 솔직한 심정이 드러났다.

두 번째 세대 간 가치관의 쟁점인 '미래기술의 수용'에서, AI나 가상자산 등 진화하고 있는 테크놀로지에 대해 중장년 세대는 "디스토피아, 무섭다"며 불안을 호소한 반면, 디지털 네이티브인 젊은 세대는 "일단 경험해보겠다"며 적극적 태도를 보였다. 젊은 세대는 '전기 자극으로 이상적인 맛을 추구한다'는 다소 엉뚱한 미래기술도 현실의 연장선상으로 인식하는 것으로 보인다고 하쿠호도연구팀은 분석했다.

세 번째 쟁점 '가상세계에 대한 신뢰'에 대해서는 어떨까. 조사 결과 가상현실이나 가상공간과 관련한 항목에 대해 중장년 세대일수록 "공허하다", "인간적인 감정을 잃어버릴 것 같다"는 등의 부정적 의견이 많은 반면 온라인 교류에 친숙한 젊은 세대는 메타버스도 현실의 일부로 인식하고 있는 것으로 나타났다.

비대면 생활에 대해 젊은 세대는 "실제로 만나지 않아도 서로 교류하고 즐길 수 있으면 문제없다"고 주장하는 반면 중장년층은 '친밀한 접촉'에 안정감을 추구하는 경향이 드러났다. 아바타로 사람들과 교류하는 것에 대해 젊은 세대는 외모 콤플렉스를 극복할 수 있다고 환영했지만 중장년 세대는 "상대방의 표정을 알 수 없다", "실제 모습을 받아들이는 것이 좋다"면서 아바타 생활에 대한 거부감을 표출했다.

중장년 세대로부터 높은 지지를 받는 미래의 모습은 어

떤 걸까. 120개 항목 가운데 중장년 세대에서 실현됐으면 하는 희망도가 높게 나타난 미래상을 보면 학교 '월반越班' 제도와 기업의 수시 채용 도입, 사용한 물의 재사용 등이었다. 하쿠호도연구소는 중장년 세대는 월반 제도나 기업 수시 채용 등 특정 계층이 혜택을 받는 미래에 대해 긍정적이었지만, 젊은 세대에서는 특정 계층의 수혜에 대해 저항감을 드러낸 점이 특이했다고 분석했다. 또 환경 의식과 관련해 중장년 세대가 더 높은 인식을 갖고 있는 것으로 나타난 점도 눈에 띄는 점이었다고 설명했다. '재생에너지 100% 사용', '쓰레기 전면 리사이클링' 등의 항목에서도 중장년층의 지지율이 젊은 세대보다 높은 것으로 조사됐다.

마지막으로 하쿠호도연구소는 전 세대가 희망하는 미래상 항목에서 100세 시대의 세대 차를 해소하는 방안을 찾았다. 분석 결과, 보수적일 것 같은 중장년 세대의 대다수가 '부업의 일상화', '온라인 투표 실시', '정부 주요직 남녀평등 기용' 등의 미래상에 대해 높은 지지를 보냈다. 하쿠호도연구소는 젊은 세대와 중장년 세대의 지지율이 공통으로 높은 미래상을 세대 간 커뮤니케이션 화제로 활용하는 것이 바람직하다고 조언했다.

세대 간 가치관 차이 세 가지 특징

	젊은 층	중장년층
특징 1	개인의 자유 중시	사회 질서 중시
특징 2	발전과 진보 중시	기존에 정착돼 있는 것 중시
특징 3	마음의 풍요 중시 (형식에 얽매이지 않음)	물리적 풍요 중시 (형태에 얽매임)

출처: NewsPicks

중장년 세대 지지율이 높은 미래상

단위 :%

순위	미래의 쟁점 항목	실현 희망도 젊은 세대/중장년 세대	격차율
1	학교의 월반 제도 도입	50%	18.1
2	기업의 수시 채용		15.3
3	사용한 물을 여과해 재사용		14.3
4	온라인 진료 및 수술		13.6
5	사회적 과제 실천 실적을 기업에 평가		11.6
6	지방 인구 분산		11.1

*중장년 세대 실현 희망도가 높고 젊은 세대와 격차가 큰 순으로 추출
*젊은 층 25세 이하, 중장년층 41세 이상

출처: NewsPicks

전 세대가 바라는 미래상

단위 :%

순위	미래의 쟁점 항목	실현 희망도 젊은 세대/중장년 세대	격차율
1	가게에서의 결제 자동화	50%	0.5
2	PC나 스마트폰의 초소형화		1.3
3	로봇에게 수송, 택배 일임		1.4
4	하늘을 나는 자동차로 장거리 이동		1.4
5	부업의 일반화		1.7
6	쓰레기를 비료, 부품 소재로 완전 재활용		5
7	불용품(不用品)을 판매, 양도하는 순환형 생활		5.4
8	연령에 상관 없이 평생 교육		5.6
9	온라인 선거 투표		6
10	정부 주요직 남녀 비율을 동등하게		6.2

*젊은 세대와 중장년 세대 모두에서 실현 희망도가 높고(70% 이상). 세대 간 격차가 적은 미래상 추출
*젊은 층 25세 이하. 중장년층 41세 이상

출처: NewsPicks

3부

간병의
품격

진화하는 일본 요양원

요양원에서 일하면서 건강도 지킨다
'일과 함께하는 고령자 건강수명' 프로젝트

입주 고령자들에게 일자리를 제공하는 요양원이 일본에 등장했다. 고령자 시설은 보통 간병이 필요한 노인이 입주하는 경우가 많은데 그들에게 일자리를 준다니 조금 생소하다.

도쿄 인근의 가나가와神奈川현 후지사와藤沢시에는 크로스하트 이시나자카·후지사와石名坂·藤沢(이하 크로스하트)라는 이름의 고급형 민간 요양원이 있다. 질 높은 간병과 식사 서비스, 다양한 커뮤니티 활동이 제공되는 이 같은 고령자 시설을 일본에서는 '간병 서비스 제공 유료有料 노인홈(이하 유료 노인홈)'이라 부른다.

이 유료 노인홈에는 자립이 가능한 사람부터 간병이 필요한 초고령자까지 총 70여 명이 입주해 있다. 그동안 세심한 간병 서비스를 최우선시 했던 크로스하트가 요즘 새로운 실험을 진행하고 있다. 입주 고령자들에게 일거리와 일자리를 제공하는 '일자리 제공형 유료 노인홈'이라는 이름을 내걸었다. 입주 고령자들이 일자리를 통해 지속적으로 사회 참여를 하게 함으로써 자기 긍정감을 높이고 삶의 보람을 느끼도록 해 건강 수명을 연장시키기 위함이다. 일하면서 용돈을 마련하는 부수 효과도 기대하고 있다.

크로스하트는 2017년 12월부터 입주 고령자 가운데 15명을 두 그룹으로 나눠 일자리를 제공하고 있다. 일자리 실험에 참여한 고령자는 86~97세, 이 중에는 간병이 필요한 장기요양 등급을 받은 고령자도 있다. 한 그룹은 농작물 재배·판매 일을, 또 한 그룹은 인근 보육원에서 육아보조 일을 한다.

농작물 재배·판매 그룹은 인근 농작물 공장에서 야채를 경작하고 수확해 시내 마트에서 판매까지 한다. 일하는 시간에 따라 소소하지만 일정의 급여가 제공된다. 크로스하트의 입주자 농작물 일자리에는 민간 기업이 협력하고 있는데, (주)도레이건설은 고령자 시설 인근에 있는 자사의 농작물 공장 도레이 팜Farm을 고령자들이 쉽게 일할 수 있도록 리모델링했다. 다리가 불편한 고령자가 쪼그려 앉아 일하지 않아도 되게끔, 또 휠체어를 탄 채로 일할 수 있도록 농작물 재배 단壇을 높인 것이다. 시설 관계자는 "농작물 경작이 처음인 고령자도 힘들이지 않고 안전하게 작업할 수 있도록 배려했다"고 설명했다.

또 다른 일자리인 보육원의 보조 업무는 보육원 아동들의 등하원 시 송영送迎 도우미와 산보할 때의 보조, 식사 준비 보조, 청소 일까지 다양하다. 급여는 보육사의 시간당 인건비를 감안해 지급된다. 고령자들의 육아 보조 일은 아동과 고령자 간의 다세대 교류 효과까지 기대할 수 있어 지역사회의 호응이 좋다고 한다.

크로스하트의 일자리는 입주자들의 희망을 적극적으로 반영하고 있다. 무슨 일을 하고 싶은지 입주자들의 희망 사항을 접수해 이를 근거로 지자체, 민간기업 등 여러 기관과 협의를 통해 정한다. 일자리가 정해지면 설명회를 통해 입주자와 그 가족에게 일자리 운영 계획을 설명한다. 이 과정에서 입주자의 건강 상태를 감안한 건강 안전 등의 문제를 주치의와 사전 상의한다.

크로스하트는 공식적인 일자리 제공 이외에도 시설 내 잡무를 입주자들이 직접 하도록 유도하고 있다. 세탁물 정리나 간단한 청소, 식사 보조 등이 그것이다. 가급적 몸을 움직여 가사家事 일을 함으로써 건강 유지와 자존감 회복이 될 수 있길 기대하고 있다. 후쿠자와藤澤祐人 시설장은 현지 언론과의 인터뷰에서 "입주자들이 자신을 관리를 받는 존재가 아닌 생활을 영위하는 '주체자'로 느낄 수 있는 환경을 만드는 노력을 하고 있다"며 "물론 위험성이 높아지지만 그렇더라도 노인홈의 주역은 어디까지나 입주자"라고 강조했다. 입주자들이 잡무를 도와주는 덕분에 노인홈 직원들의 업무 부담이 줄어드는 효과도 있다고 한다.

크로스하트의 새로운 도전은 시작 단계이지만 합격점을 받았다. 2018년 '유로 노인홈 대상'에 선정된 것이다. 일본에서는 매년 유료 노인홈 경영자협회의 엄격한 심사를 통해 그해 최고의 서비스를 제공한 시설을 '올해의 노인홈(Living of the Year)'으로 선정해 시상하는데, 크로스하트가 대상으로 뽑히는 영예를 차지했다. "입주자에게 일자리를 제공함으로써 그들의 건강 증진과 삶의 보람을 높였다"는 것이 선정 이유다. 지금까지 대상 수상 기관들은 주로 세심한 간병과 활발한 지역사회와의 교류에서 높은 평가를 받았다고 한다.

크로스하트의 '일자리＋고령자 거주시설'이라는 새로운 실험은 정부 주도로 진행되고 있다. 일본의 경제산업성은 2017년 하반기부터 '일과 함께하는 고령자 건강수명 연장 사업'이라는 정책을 추진하고 있다. '고령자에게 일과 역할, 사회 참여를 지속하게 해줌으로써 치매나 요개호(간병을 받는) 상태를 예방, 억제한다'는 것이 이 사업의 목표다.

그중 하나가 고령자시설 등에서 입주자에게 일자리와 역할, 사회 참여의 기회를 제공하는 '일자리 제공형 고령자 주택' 시범 사업이다. 경제산업성(헬스케어 산업과)은 일자리형 고령자 주택 확산을 위한 재정적 지원을 하고 있다. 크로스하트는 2017년 하반기부터 이 시범 사업의 사업자로 선정되어 사업에 따른 문제점이나 효과 등의 데이터를 축적해가고 있다.

마나하우스의 남다른 구강 케어 열정
오연성 폐렴 제로 프로젝트

일본의 간병 현장에서 '구강 케어'에 대한 관심이 부쩍 커지고 있다. 구강 케어가 고령자들의 입 속 건강뿐만 아니라 몸 전체 건강에 미치는 영향이 크다는 연구결과가 잇따라 나오고 있기 때문이다. 많은 요양 시설들이 치과 등 전문 기관과 구강 케어 협업 체제를 갖추고, 구강 케어에 특화한 요양원도 등장해 눈길을 끌고 있다. 정책 당국도 입주자들의 구강 관리를 잘하는 고령자 시설에 재정적인 지원을 하는 등 구강 케어를 독려하고 있다.

'오연誤嚥성 폐렴 제로 프로젝트.'

후쿠오카福岡시의 공공요양원 마나하우스가 야심차게 추진하고 있는 입주자 구강 케어 프로그램이다. '폐렴과 구강 케어가 무슨 관계?'라고 의아해할 수 있지만 둘의 관계는 상당히 밀접하다. '오연성 폐렴'이란 음식물, 타액 등이 식도가 아닌 기관으로 잘못 들어가 폐에 염증을 일으키는 것을 말한다. 고령자나 구강 위생 상태가 불결한 사람은 구강 기능이 떨어져 음식물, 침 속에 있는 잡균 등이 기관氣管에 침투하기 쉽다. 구강 기능이 약해지면 침 등의 액체가 목구멍을 통과하는 속도가 빨라져 아직 닫히지 않은 다른 기관에 들어가기 쉽다고 한다.

오연성 폐렴은 고령자 사망 원인에서 상위를 차지하는 무서운 병이다. 일본 정부가 2017년 조사(후생노동성 인구동태 조사)한 데 따르면 폐렴은 85~89세 고령자의 사인死因 가운데 상위인 3위였다. 대상을 65세 이상으로 넓혀도 폐렴은 사망 원인 5위 이내인 것으로 조사됐다. 그런데 고령자 폐렴 대부분이 오연성 폐렴인 것으로 나타났다.

구강 케어를 통해 입 안의 잡균을 줄여주고 구강 기능을 회복시킴으로써 오연을 예방해 입주 고령자들의 건강을 지키겠다는 게 마나하우스 오연성 폐렴 제로 프로젝트의 목적이다.

마나하우스는 2017년 9월부터 입주 고령자 전원을 대상으로 하루 3회 양치질을 필수적으로 하도록 하고 있다. 또 주 2회 간병 직원들이 직접 고령자들의 구강 케어를 실시하고 있다. 간병 직원의 구강 케어는 10분씩 진행되는데, 칫솔이나 스펀지 브러시로 입 속의 음식물 찌꺼기를 제거하고, 혀에 묻은 오물을 깨끗이 닦아낸다. 이후 양손으로 구강 마사지를 해준다.

구강 케어 효과는 바로 나타났다. 마나하우스는 입 속 청결과 구강 근력을 강화한 이후 오연이 급격히 줄었다고 강조한다. 오연성 폐렴 제로 프로젝트 실시 전 입주자의 연간 병원 입원일 수는 1,310일이었는데 프로젝트 실시 2년 후 입주자 입원일 수가 3분의 1(459일)로 줄었다. 과거 입원일 수 1,310일 가운데 폐렴에 의한 것이 545일이었는데, 이것이 프로젝트 도입 후 144일로 급감한 덕이었다. 요양원 측은 구강 케어를 적극적으로 실시해 입주자들이 먹는 힘을 회복했고 그 덕분에 영양 상태가 좋아졌기 때문인 것으로 분석했다.

마나하우스는 프로젝트 실시를 위해 구강 케어에 관심이 많은 직원으로 전담팀을 구성했다. 전담팀은 시설의 효과적인 구강 케어 시스템 도입을 위해 선행학습을 실시해 시행착오를 줄였다. 현재도 직원 40여 명이 치과의사와 치위생사로부터 매주 1회 실습 연수를 받고 있다.

홋카이北海도 무로란室蘭시의 '후나미노모리'라는 요양원도 구강 케어 성공 사례로 주목받는 곳이다. 이곳은 타 요양원에 한발 앞서 구강 케어 시스템을 도입했다. 2014년 봄부터 인근 치과와 제휴를 맺고 치과의사 방문 진료를 격주로 실시해왔다. 또 매주 치위생사가 방문해 구강 케어 위생지도를 하고 있다. 이곳에 입주한 고령자들은 매주 한 번씩 프로에게 구강 케어를 받고 있는 셈이다.

간병 직원에 의한 구강 케어도 식사 후와 취침 전 하루도 빠지지 않고 진행된다. 매일 3~4회 입주자 전원이 칫솔질을 하도록 하고 있다. 매 식사 후 틀니 세정은 기본, 간병 직원이 직접 가제로 입안의 오물을 닦아내고 보습제를 발라준다. 끝으로 칫솔에 가제를 말아 혀의 오물을 없애 마무리하는 수순으로 구강 케어를 하고 있다.

이곳은 입주자 정원이 29명인 소규모 지역 밀착형 요양시설로 피요양 정도가 높은 고령자가 대부분이다. 그럼에도 구강 케어를 실시한 지난 5년 동안 오연성 폐렴 환자는 2명, 인플루엔자 환자가 2명에 그쳤다. 구강 케어 강화로 요양 등급이 개선된 고령 환자도 있었다고 한다. 현지 언론은 전문가들의 말을 빌려 "공공요양원으로서는 기적적인 수치다. 철저한 구강 케어의 효과를 본 것"이라고 평가했다.

일본의 대표적인 요양시설 전문 업체가 고령자 시설 직원(2,646명, 2018년 말)을 대상으로 실시한 간병 업무 관련 설문조사에서, 구강 케어가 '전문적인 지식과 기술이 필요하다고 느끼는 업무' 1위로 꼽혔다. 입주 고령자의 '건강 유지를 위한 가장 중요한 업무'로도 구강 케어가 높은 점수(83%)를 받았다. 복약 지원(91%), 식사 지원(90%), 배설 지원(86%) 등 생명 유지에 필수적인 간병에 이어 가장 높은 수치를 기록했다. 구강 케어와 관련해 배우고 싶은 지식과 기술에 대한 관심도는 구강 내 상태별 케어 방법(63%), 오염성 폐렴 예방법(56%), 케어용품의 효과적 사용법(51%), 기초지식(50%), 적절한 양치법(46%) 등의 순이었다.

본인의 구강 위생에 관심이 높은 직원들은 입주자들의 구강 케어에 대해서도 열의를 갖고 일하고 있고, 이로 인해 실제 요양시설의 구강 케어 활동 상황도 개선된 것으로 조사됐다. 일본 정부도 구강 케어의 건강 예방 효과를 인식하고 구강위생 관리를 잘하는 고령자 시설에 대해 재정 지원을 해주고 있다.

요양원이 인근 치과와 제휴 관계를 맺고 치과의사 또는 치위생사가 요양 직원에 대해 구강 케어 관련 기술적 조언 및 지도를 월 1회 실시할 경우 하루 30 단위(1 단위: 약 100 원)의 가산 수가를 부여하고 있다. 또 입소자에 대해 구강 케어를 월 2회 이상 실시할 경우 1인당 월 90 단위를 가산해주고 있다.

초등학생으로 돌아간
데이케어센터의 할머니, 할아버지

도쿄東京도 세타가야世田谷구에 있는 한 고령자 주간보호시설(데이케어센터). 이곳의 풍경은 여느 데이케어센터와 많이 다르다.

오전 10시, 센터 내에 수업 시작을 알리는 학교 종이 울린다. 그러자 통학 버스를 타고 센터에 미리 도착해 있던 80세 전후의 남녀 고령자들이 하나 둘 느린 움직임으로 정해진 책상에 앉는다. 교실이라 불리는 센터 내 공간 정면에는 칠판이 걸려 있고, 칠판 바로 옆에 큼지막한 수업 시간표가 붙어 있다.

이어지는 아침 조례시간. 선생님(시설 직원)을 따라 고령자 학생들이 큰 목소리로 교훈을 제창한다. 배에 힘을 주어 큰 목소리를 내자 메마른 입에 침이 돌면서 기분 전환과 함께 학생들 얼굴에 생기가 돈다.

첫 수업은 국어시간. 오늘의 주제는 시조 읽기다. 계절이 바뀌며 시시각각 변하는 자연을 노래하는 시조를 낭독하면서 자연의 아름다움과 계절의 신비함을 새삼 느낀다. 운율에 맞추어 시조를 낭송하다보면 심폐 기능도 단련된다. 실과實科 시간에는 팀을 짜서 간단한 요리를 만든다. 요리를 하려면 재료

선정은 물론 조리 방법을 익히고 기억해 실행해야 하니 집중
력도 필요하고 자잘한 손놀림에 주의를 기울여야 한다.

　수업은 30분씩 진행된다. 점심 후 오후 체육 수업시간에는
고령자의 체력에 맞춘 운동 프로그램으로 근력을 키우고, 수
학시간에는 버스 요금이나 물건 계산 같은 흥미로운 게임을
하면서 뇌를 트레이닝한다. 프로그램은 학생들이 지루해하지
않게 매달 바꾸어가며 진행된다. 교과서도 그때그때 새롭게
바뀐다.

　'어른 학교おとなの学校.' 이곳 데이케어센터의 공식 이름이
다. 추억의 초등학교 수업을 재현한 이곳의 고령자 케어 프로
그램에 세간의 관심이 몰리면서 고령자 주간보호센터 596개

시설(2023년 10월)에서 이 어른 학교 프로그램을 도입해 실시하고 있다. 시설 자체를 아예 어른 학교로 운영하는 곳(프랜차이즈)도 있고, 어른 학교 프로그램의 교재나 교습법을 채용한 곳도 있다.

치매에 걸린 사람에게 옛 노래를 부르게 하거나 추억을 떠올리게 하면 정서적으로 안정된다는 연구보고가 있다. 어른 학교가 주목한 것이 바로 이 점이다. 고령자의 옛 추억을 되살려 인지기능 유지와 개선을 도모하는 회상요법을 도입한 것이다.

어른 학교를 이용하는 고령자 중에는 치매에 걸린 사람들이 많다. 일부러 옛날 칠판과 분필을 가져다 쓰고, 옛날 추억 속 통지표를 전달하기도 한다. 또 학예발표회를 열어 어린 시절 즐거웠던 추억을 떠올리도록 도와준다.

프로그램의 효과는 긍정적이다. 요양 등급이 개선되는 노인들이 있는가 하면, 할머니, 할아버지의 말문이 트이고 신체 활동이 늘어나는 등 치매 노인들의 병상이 개선되는 효과가 나타나고 있다고 한다.

추억의 초등학교 프로그램은 센터를 운영하는 측에도 이점이 있다. 1대 다수의 수업 형식이기 때문에 선생님(직원) 한 명에 다수의 고령자 학생들을 돌볼 수 있어 업무 효율이 높다. 치매 증상이 개선되는 고령자를 보면서 직원들이 일의 보람을 느끼는 것도 어른 학교의 장점이다. 일본에서는 어른 학교 이외에도 피트니스, 건강 체조 등 다양한 프로그램을 도입해 고령 이용객들의 건강을 관리해주는 데이케어센터가 늘어나고 있다.

간병의 품격 높여주는
'배설 케어'의 진화

간병은 하는 사람이나 받는 사람 모두에게 정신·육체적으로 큰 부담이 따르는 일이다. 그 중에서도 가장 어렵고 힘든 것이 배뇨·배변을 돕는 '배설 케어'라고 한다.

초고령사회를 경험하고 있는 일본은 간병 분야에 있어서 한국의 선배 격이다. 오랜 기간 많은 경험과 시행착오를 겪었고, 이를 통해 나름의 노하우를 축적했다. 배설 케어 부문에서는 어떤 노하우를 갖고 있을까.

2018년 초 미국 라스베이거스에서 열린 세계 최대 국제전자제품박람회 CES 2018. 매년 이맘 때 개최되는 CES는 세계 IT 기술과 첨단 가전제품들의 경연장이다. 내로라하는 글로벌 기업들의 전시관이 메인이지만 스타트업 등 신생 기업들의 아이디어 상품을 전시하는 유레카 파크 전시관도 빼놓을 수 없는 볼거리다. 당시 이곳에서 일본의 한 벤처기업(트리플더블유 재팬)이 배설 케어 첨단 디바이스를 선보여 주목받았다.

'디 프리D Free.'

초음파를 활용해 이용자의 배뇨 타이밍을 예측해 알려주는 웨어러블 디바이스다. 이 장치를 이용하면 기저귀(Diaper)에서 해방(Free)될 수 있다는 의미에서 디 프리로 이름 붙여졌다. 초음파를 이용한 배설 케어 디바이스는 디 프리가 세계 최초라고 한다.

디 프리는 현재 일본의 요양시설에서 실제로 활용되고 있는데 그 쓰임새를 설명하면 이렇다. 요양시설 이용자(자립적 배뇨가 어려운 입주자)의 방광 하복부(치골 2㎝ 상부)에 초음파센서를 부착한다. 40~50그램 무게의 초음파 센서는 음파를 분석해 방광 내 소변 양을 계측하고 그 결과를 본체(벨트에 고정)에 전송한다. 전송된 데이터는 블루투스 등 클라우드 통신을 활용해 태블릿 단말기나 스마트폰으로 확인할 수 있다.

간병 담당자는 태블릿이나 스마트폰을 통해 이용자들의 배뇨 수위 상황(방광 내 소변 축적 정도)을 한눈에 파악할 수 있고 이 데이터를 기반으로 배뇨가 필요한 직절한 시점에 개별적으로 배뇨를 유도한다. 이렇게 되면 시설 입주자도 배뇨 실패에 대한 걱정에서 벗어날 수 있고, 간병인도 배뇨 유도 업무를 최소화할 수 있다.

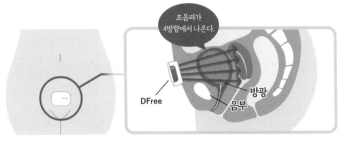

초음파가
4방향에서 나온다.

방광
음부
DFree

디 프리 제품과 장착 방법. 초음파가 4개 방향에서 나오고 있다.

출처: 디 프리 홈페이지

배설 케어는 간병시설 전체 업무 중 3분의 1을 차지할 정
도로 간병 직원에게 큰 부담이다. 입주한 고령자들도 배뇨 실
패에 대한 불안감에 수시로 배뇨 케어를 요구하기 때문이다.

정해진 시간에 일제히 화장실 사용을 유도하기도 하지만
실제적인 효과는 떨어진다. 그렇기 때문에 성인용 기저귀를
자주 사용하는데, 기저귀 비용도 만만치 않다. 기저귀를 사용
하더라도 치매 환자들은 배설물을 손으로 만지는 경우가 많
아 뒤처리에 애로가 많다고 한다.

간병전문회사 솜포케어SOMPO Care 넥스트는 2017년 4월부
터 자사의 간병시설에 디 프리를 도입해 활용하고 있다. 이
회사에 따르면 디 프리 사용 후 인건비 30%가 절감되고 종이
기저귀 사용량도 30% 가량 줄었다고 한다. 디 프리 제조사
트리플 더블유 재팬은 디 프리의 효율적인 배설 케어가 간병
직원의 부담을 덜어줄 뿐 아니라 피간병인의 생활의 질도 높

여준다고 강조한다. 안전한 배설 케어 덕분에 자유로운 외출이 가능해졌기 때문이다.

재택 간병의 경우도 심야나 새벽의 배설 케어는 간병하는 가족에게 가장 힘든 일이다. 기계가 자동으로 배설 케어를 해주는 이른바 자동 배설처리장치가 일본에서 각광을 받고 있다는 이유다.

'마인렛Minelet 사와야카(상쾌하다는 뜻).'

한 간병용구업체가 개발한 이 제품은 피간병인이 배뇨나 배변을 하면 비데형 기저귀가 이를 감지해 기저귀와 연결되어 있는 호스관을 통해 배설물을 흡입하고 온수로 세정해주는 시스템이다. 세정 후 바람으로 건조해주고 악취도 없애준다. 자동 비데 기저귀인 셈이다. 이 제품은 개호보험(일본의 장기요양보험) 적용을 받아 월 5,000~6,000엔의 렌탈료만 내면 사용할 수 있다.

성인용 기저귀를 판매하는 유니참Unicharm도 2009년 소변 흡입로봇 휴머니를 선보였다. 기저귀 패드에 센서를 부착해 피간병인이 소변을 볼 경우 패드와 연결된 호수가 자동으로 흡입하는 장치이다. 신속한 흡입으로 패드에 소변 흔적이 거의 남지 않아 하루에 한 번만 기저귀를 갈면 된다. 휴머니는 유니참의 특수 종이기저귀 기술과 히타치의 펌프기술이 합쳐져 만들어졌다. 휴머니도 보험이 적용돼 월 1,200엔에 이용이 가능하다.

일본 내각부의 조사에 따르면 간병 활동 중 가장 힘든 점이 무엇이냐는 질문에 응답자 63%가 배설 간병이라고 답했다. 피간병인으로부터 마지막까지 바라는 것이 무엇이냐는 질문에 "스스로 배설할 수 있기를 바란다"는 응답이 가장 많았다. 배설 실패 경험은 자존감을 크게 떨어뜨리는 요인으로 작용한다. 배설 케어 기술의 진보는 피간병인의 존엄을 지켜주고, 간병인의 부담도 줄여주는 일석이조의 효과를 가져다준다. 배설 간병 분야와 4차 산업혁명 기술의 접속이 요구되고 있는 이유다.

일본에는
기저귀 없는 요양원이 있다?

소수의 인력이 일하는 심야 시간의 배설 수발은 간병 직원들에게 난제가 아닐 수 없다. 그래서 많은 노인 요양시설에서는 배설 케어 부담을 줄이기 위해 성인용 기저귀를 필수품처럼 활용한다.

그런데 일본 도쿄의 한 공공 요양시설에는 기저귀가 없다. 2013년 4월 도쿄 시부야구에 문을 연 특별양호養護 노인홈(일본의 공공 요양시설)인 모리노카제Morinokaze.

이 노인홈이 개관할 당시 내걸었던 캐치프레이즈는 '기저
귀 제로 요양원'이었다. 이 요양원에 들어오는 입주자는 전원
기저귀 착용이 금지된다. 기존에 기저귀를 상시 착용했던 고
령자도 예외일 수 없다.

요양시설의 필수품인 기저귀 사용을 하지 않으면서도 별
문제 없이 시설 운영을 해나가는 비결은 무엇일까. 그 비결을
엿보기 위해 일본 국내뿐만 아니라 해외 관련 단체들의 발길
이 이곳 모리노카제에 끊이질 않고 있다.

모리노카제의 기저귀 없는 배설 케어의 핵심은 입주자 모
두가 화장실 변기에 앉아서 스스로 배설할 수 있도록 유도하
는 데 있다. 자립 배설을 어렵게 하는 장애물을 제거하는 동
시에 스스로 배설하는 데 필요한 환경을 지원하는 것이 핵심
비결이다. 이 프로그램은 전문가의 연구 결과를 토대로 만들
어진 것이라고 한다.

자립 배설 프로그램은 다음과 같이 진행된다. 우선 입주하
는 즉시 설사약 복용을 중단한다. 많은 고령자들이 변비 때문
에 설사약을 복용하는데 이것 대신 규칙적인 식생활을 하도
록 하고 특히 식이섬유를 충분히 섭취하도록 신경을 쓴다. 수
분을 충분히 섭취하고 아침에 일어나면 반드시 냉수를 마시
도록 권한다.

보행 기능을 회복하는 운동도 자립 배설을 위한 중요한 프로그램 가운데 하나다. 매일 정해진 시간에 화장실 변기에 앉아 배설을 유도하는 것도 빼놓을 수 없는 중요한 일과다.

"처음에는 실패하는 경우도 많죠. 하지만 직원들이 확신을 갖고 집중적으로 케어하고, 입주자들도 인내심을 갖고 열심히 따르다 보면 의외로 빠른 시간 안에 기저귀를 떼게 됩니다."

사이토 요양원 원장의 설명이다. 그는 모리노카제가 기저귀 사용을 거부하는 이유에 대해 다음과 같이 강조했다.

"기저귀를 이용한 배설 케어는 이용자에게나 간병 직원 모두에게 좋지 않은 영향을 줍니다. 무엇보다 기저귀를 이용하는 고령자들은 자존감에 큰 상처를 받습니다. 상처 난 자존감 때문에 삶의 의욕을 상실하기도 합니다. 뿐만 아니라 기저귀 발진(착용자 50%)이나 방광염(착용자 80%) 등의 증상으로 건강에 악영향을 줍니다. 기저귀 케어는 또 아무나 할 수 있는 일이라는 인식 때문에 간병직원의 일하는 보람과 의욕을 꺾어 놓습니다. 결국 기저귀 사용은 그 누구에게도 좋은 일이 아닌 것이죠."

일본 요양원 업계는 입주자가 요양시설에서 스스로 생활할 수 있는 힘을 기른 후 어느 정도 자립이 가능하다고 판단되면 자택으로 복귀하도록 하는 모리노카제의 운영 방식에 주목하고 있다. 보통의 요양원이 거동이 불편한 고령자를 돌보고 보호하는 데 집중하는 것과는 대조되기 때문이다.

기저귀를 사용하지 않는 자립 배설은 이 요양원이 운영하고 있는 자택 복귀를 위한 네 가지 프로그램 가운데 하나다. 자택 복귀를 위해 가장 먼저 수반되어야 할 것이 자립 배설이기 때문이다. 나머지 자택 복귀를 위한 세 가지 케어 프로그램은 충분한 수분 섭취, 충분한 영양 섭취, 충분한 운동량 확보를 위해 짜여 있다. 탈수 방지를 위해 하루에 최소 1.5L의 물을 마시도록 강제한다. 저영양 상태도 자립 생활을 위협할 수 있는 요소여서 하루 1,500kcal 이상 충분한 영양을 섭취하도록 유도한다. 마지막으로 보행 중심의 하루 운동량 확보도 중요한 자택 복귀 프로그램이다.

"걷지 못하는 이유가 단순히 하지 근력의 저하 때문이라고 생각하는 사람들이 많은데, 실은 오랫동안 걷지 않아 걷는 방법을 잊어버려서인 경우가 많습니다. 그래서 하지 근력의 힘을 기르는 것보다는 몇 번이고 반복해서 걷게 해 걷는 방법을 기억해내도록 하는 보행운동에 중점을 두고 있습니다."

사이토 원장은 보행운동의 중요성을 이렇게 설명했다.

모리노카제 기저귀 제로 프로그램의 성과는 어떨까. 모리노카제가 개관하고 반년이 지난 시점에서 성과를 측정한 결과, 수분 섭취 케어의 경우 입주자의 입주 전 하루 평균 915ml

였던 수분 섭취량이 1,543 ml 로 크게 늘었다. 보행 분야의 개선도 눈에 띄었는데, 입주 전 휠체어 신세를 졌던 고령자의 절반 이상이 자립 보행을 하게 됐고, 장기요양등급 최고등급(1등급)자이던 101세 할머니가 자립 재활 프로그램 1개월 만에 보행기에 의존해 스스로 걷는 성과를 이뤄냈다. 또 기저귀 제로 케어 덕분에 입주자의 변실금 증상이 대부분 사라졌다고 한다.

2015년 기준으로 퇴소자의 63.5%를 자택으로 복귀시키는 성과를 냈으며 요양 등급의 변화도 63명을 대상으로 조사한 결과, 등급 개선이 30명(48%)으로 악화(9명, 14%), 유지(24명, 38%)보다 많았다고 모리노카제 측은 설명했다.

입주자가 하나 둘 자택으로 복귀하면 시설 경영 측면에서 오히려 마이너스가 되지 않을까. 사이토 원장은 장기 입주자가 줄어들면 침상의 가동률이 높아져 비용이 절감되고 평판도 좋아져 이용자가 증가하는 효과가 있다고 말했다. 기저귀 구입비 및 소각 처리 비용이 들지 않는 이점도 크단다.

마을 전체가 하나의 병원이 되다
일본 시골 마을의 '커뮤니티 케어' 도전기

75세 이상 인구 2,000만 명 돌파.

초고령사회 일본에 2025년은 비상의 해다. 단카이 세대로 불리는 베이비부머들이 모두 75세로 진입하기 때문이다. 일본에서는 75세 이상을 후기後期 고령자로 부르는데, 후기 고령자의 단기적 급증은 의료와 간병비 등의 재정 압박과 간병 인력의 태부족 사태를 야기할 것으로 우려되고 있다.

일본 정부는 대책으로 '탈脫 병원, 향向 재택' 방침을 세우고, 실천 방안으로 지역사회가 고령의 주민들을 함께 돌보는 이른바 '커뮤니티 케어community care(일본에서는 '시역포괄 케어'라고 불린다)'를 전면적으로 추진하고 있다. 이를 위해 의료 재원을 효율적으로 사용하도록 팀 의료, 의료-간병의 연계를 유도하고 있다. 하지만 여전히 직종 간 벽은 높은 게 현실이다.

이런 가운데 '마을 전체를 하나의 병원으로'라는 캐치프레이즈를 내걸고 지역 중심 케어를 실천하고 있는 한 지방 도시가 있어 주목받고 있다. 일본 혼슈의 중서부에 있는 시가滋賀현의 히가시오미東近江시. 이곳에서는 매달 한 번씩 마을 고령자들의 케어를 위한 특별한 공부모임이 열린다.

'삼포요시 연구회三方よし 研究会.'

연구회의 목적은 지역 내 의료자원을 효율적으로 활용하고 환자에게 적절한 의료가 제공될 수 있도록 각 분야 종사자들이 협의해 역할을 분담하는 것이다. 연구회 참석자는 보통 100명 정도. 히가시오미시와 인근 지역의 의료, 요양, 행정 등 다직종의 종사자들이 한 자리에 모인다. 내과 신경과 등 전문의, 간호사, 치과의사, 보건사, 약제사. 이학요법사. 작업치료사, 케어 매니저, 지자체 공무원 등이다.

월 1회 세미나실에 빙 둘러 앉아 자기 소개, 당번 시설(매월 순환제)의 활동 소개, 협력이 필요한 고민 사례들을 공유한다. 2007년 초부터 시작된 연구 모임은 약 10년간 한 번도 빼놓지 않고 열렸고, 2016년 3월 100회를 돌파했다고 한다. 물론 지금도 계속 이어지고 있다. 둥그렇게 둘러앉는 이유는 수직적 서열이 아닌 수평적 관계라는 의미를 강조하기 위해서라고 한다.

초기에는 직종별 이해관계를 강조하다 보니 모임 때마다 긴장감이 흘렀지만 십수 년이 흐른 지금의 회의 분위기는 사뭇 다르다고 한다. 〈후생노동백서(2019년)〉에 따르면 참석자들은 다직종 연계 진료를 통한 환자의 병상 개선을 공유하고 공감함으로써 동기 부여가 지속되고, 동료 의식이 생겨 서로(기관)의 약점과 강점에 대해 대화하면서 선뜻 도움을 요청할 수 있는 관계가 구축됐다고 한다. 무엇보다 상대방의 얼굴을 알기 때문에 필요할 때 편하게 연락할 수 있다는 것이다.

연구회를 통해 환자나 가족의 목소리를 들을 수 있어 자신의 케어 방식을 되돌아보는 계기도 된다고 한다.

연구회 관계자는 "연구회의 가장 중요한 성과는 직종 관계

삼포요시 연구회 모습 　　　　　　출처: 삼포요시 연구회 홈페이지

자들이 서로 얼굴을 아는 관계를 구축한 것"이라며 "이 관계
가 직종 간 벽을 넘게 했고 결과적으로 환자와 의료기관, 지
역사회 모두에 도움을 주는 기반이 됐다"고 강조했다.

　연구회의 이름 '삼포요시三方よし'란 '삼자三者가 좋다'는 뜻
으로, 삼자는 환자(고령자), 기관(병원, 요양원 등), 지역이다. 지
역의 고령 환자, 병원, 요양원 등 기관, 지역사회 모두에 만족
을 주기 위해 머리를 맞대는 모임이라는 뜻이다.

　연구회는 2007년 초 지역 뇌졸중 환자의 지역 연계 '크리
티컬 패스critical path'를 만드는 과정에서 생겨났다. 크리티컬 패
스란 최적의 경로라는 뜻으로 어떤 프로젝트를 최단 시간에
최저 비용으로 완수하기 위해 필요한 과정을 의미한다. 의료
계에서는 급성기 병원에서 회복기 병원을 거쳐 조기에 자택

으로 귀가하는 진료 계획을 작성해 이를 치료를 담당하는 모든 의료기관이 공유하는 것을 말한다.

당시 지역 뇌졸중 환자의 치료 과정에 문제의 심각성을 느낀 개업의, 급성기 병원 전문의, 보건소장 등 지역 내 핵심 인물들이 의기투합했다. 그들은 먼저 의료기관의 역할 분담을 위해 크리티컬 패스인 삼포요시 수첩(삼자만족 수첩)을 만들었다.

이 수첩에는 환자 한 명의 모든 의료 정보가 기록돼 있어 각 치료기관은 이를 참고할 수 있었다. 환자가 최초의 급성기 병원에서 어떤 치료를 받았고 다음 회복기 병원에서 어떤 재활치료를 받았으며 언제쯤 퇴원 가능한 지 등의 상세한 진료 계획과 진료 경과가 기입됐다.

환자는 처음 병원에서 이 수첩을 발급받아 병원 이동 시 필수 지참했고, 퇴원 후에도 재택방문 주치의는 이 수첩을 보면서 치료에 대응하도록 했다. 이 수첩이 있으면 환자도 안심하고 병원을 옮기는 것이 가능했다.

삼포요시 수첩의 효과는 작지 않았다. 일본 언론들에 따르면 뇌졸중 환자의 경우 급성기 병원의 평균 입원일이 50일에서 30일로 단축됐고, 결과적으로 병상에 여유가 생겨 긴급 반송 중증환자를 수용하는 비율도 65%에서 84%로 개선됐다고 한다. 재택의료도 충실해져 자택에서 임종을 보는 비율도 50%를 넘어선 지역이 출현했다.

연구회는 후생노동장관상 표창, 일본의사회 대상 등을 수상하는 성과를 냈다. 삼포요시 연구회의 리더격인 오구시 테루오小串 輝男 오구시의원 원장은 수상식 소감에서 "이제는 환자 치료를 의사 한 명에게 의존하는 시대는 끝났다. 의료와 간병을 비롯한 다직종 분야가 공동으로 힘을 합쳐 환자에게 논스톱 서비스를 제공하는 것이 필수적"이라고 했다. 그는 그러면서 "의사들은 잘난 척하지 않아야 한다. 다른 전문직의 일을 방해하지 않고 '함께 하자'고 말할 수 있어야 좋은 의사가 될 수 있다"고 덧붙였다. 연구회는 "환자가 치료 도중에 헤매지 않도록 지역 전체가 하나의 병원으로서 기능하는 것이 목표"라며 "최종 목표는 재택 임종이 자연스러운 마을이 되는 것"이라고 제시했다.

삼포요시 연구회의 성공 모델을 이어받아 요즘 일본에는 다직종 연계 의료 네트워크가 확산되고 있다. 아키타秋田현의 앳홈At Home, 간병과 의료와 집을 잇는 모임, 도쿄의 케어 커뮤니티 세타카페, 나가노長野현의 사히사 커뮤니티 케어 네트, 가고시마鹿児島현의 가고시마 의료간병 아카데미 등이 활발한 활동을 벌이고 있다.

병원과 요양원이 하나로
의료·간병 복합체 '간병 의료원'

일본에 '개호介護 의료원'이라는 새로운 형태의 고령자 의료시설이 등장해 눈길을 끌고 있다. 개호介護란 간병과 수발을 뜻하는 말로 개호 의료원(이하 간병 의료원)은 간병과 의료의 기능을 합쳐놓은 시설이라고 할 수 있다. 우리나라의 요양병원과 요양원이 합쳐진 것쯤으로 생각하면 된다. 일본 정부는 갈수록 심화하는 고령화 대책으로 의료와 간병의 일체화를 추진해왔다. 간병 의료원은 중간 결과물 중 하나다.

간병 의료원은 2018년 4월 첫선을 보인 이후, 그 해(9월 말 기준) 63개의 의료원(4,583개 병상)이 전국에서 서비스하고 있다. 3개월 전 21개(1,400개 병상)였던 것에 비하면 빠른 속도로 확산되고 있다.

간병 의료원에서는 상주 의사의 진료와 간호사·요양사의 간병 수발, 임종 케어, 여기에 다양한 생활 서비스가 제공된다. 시설 형태도 입주자들의 생활편의를 위해 공용 거실이 넓어지고, 입주자의 프라이버시를 배려해 다인실의 침상 구분도 커튼이 아닌 가구 등을 설치하도록 하고 있다. 또 간병 의료원 내에는 레크리에이션룸과 다실茶室이 있어 입주자들의 생활의 질이 유지되도록 배려하고 있다. 간병 의료원은 '의료

+간병+생활 지원+거주 기능'을 겸비한 고령자 의료생활 복합시설인 셈이다.

다양한 고령자 주거시설과 의료기관들이 있는 일본에 간병 의료원이라는 기관이 생겨난 이유는 무엇일까. 간병 의료원의 등장 배경에는 세계 최고령 국가 일본이 처한 의료·간병의 현실과 고민이 고스란히 담겨 있다.

먼저 고령화 심화에 따른 의료와 간병 분야의 수요 변화를 들 수 있다. 의료 분야에서는 고령의 만성질환자들이 급증하고 있는데, 이들에게는 치료뿐 아니라 식사, 레크리에이션, 입욕 등 (입원) 생활의 질을 높여주는 '생활 서비스'가 더 긴요해지고 있다.

간병 분야에서는 시설 입소자의 초고령화로 인해 단순한 간병 수준을 넘어 욕창 제거나 임종 케어 등 의료적 수요가 절실해지고 있는 실정이다. 두 분야의 니즈를 충족시키기 위해 의료와 간병이 일체적으로 제공하는 것이 고령사회의 주요 테마로 부상한 것이다.

만성기 고령자의 장기 입원에 따른 의료보험 재정의 압박도 간병 의료원을 등장시킨 주요 요인이다. 일본의 한 해 국민 의료비는 45조 359억 엔을 넘어섰다. 이 중 60%가량을 65세 이상 고령자(75세 이상은 35%)가 차지한다.

일본 정부는 어떻게든 불필요한 고령자 의료비를 줄이려

고 안간힘을 쓰고 있다. 그중에서도 가장 주목하고 있는 부분이 만성기 환자의 장기 입원 치료를 담당하는 개호(간병) 요양 병상의 축소다. 고비용의 병원 치료 환자를 저비용의 시설 간병으로 유도함으로써 건강보험 재정 부담을 줄이겠다는 것이 일본 정부의 생각이다.

인구 감소로 의료 인력을 비롯해 요양사 등 간병 인력이 턱없이 부족한 상황도 개호 의료원을 등장시킨 배경이다. 2025년에는 일본의 전후 베이비붐 세대가 모두 75세 후기 고령자 진영에 합류한다. 약 25만 명의 간병 인력이 더 필요할 것으로 추산되고 있다. 간병 의료원의 활성화로 의료와 간병이 동시에 제공되면 의료와 간병 인력을 효율적으로 활용할 수 있다는 것이 정책당국의 계산이다.

일본 정부는 2006년부터 '의료와 간병의 연계'를 핵심 정책으로 삼고 관련 법률을 정비하고 있다. 대표적인 것이 2014년 6월 시행된 '의료·간병 일괄법'이다.

'지역에서의 의료 및 개호(간병)의 종합적인 제공을 위한 관련 법률의 정비 법률안'이라는 긴 이름의 이 법은 2025년까지 '의료와 간병의 일체화'를 목표로 내걸고 있다.

의료·간병 일괄법의 핵심 내용은 크게 세 가지다. 의료기관에 병상별(고도급성기, 급성기, 회복기, 만성기) 보고를 의무화했다. 의료기관별 병상 기능의 보고를 통해 지역별 의료 수요를

면밀히 추계하고 이를 기준으로 최적의 지역 병상수와 병상 기능의 재편을 꾀하겠다는 복안이다. 또 9,000억 원에 달하는 '지역 의료·간병 종합 확보 기금'이라는 국가 교부금을 창설해 의료기관의 기능 분화와 의료·간병 연계에 필요한 관련 서비스를 정비하는 데 쏟아부을 계획이다. 간병 의료원의 설립과 관련한 수가 지원 등의 재원도 이 교부금에서 활용된다.

간호사에 의한 일부 의료 행위를 허용하는 것도 의료·간병 일괄법에서 눈에 띄는 대목이다. 간단한 의료 행위에 드는 의료와 간병 인력을 효율적으로 활용하자는 취지다. 법에 따르면 앞으로 연수를 받은 간호사는 욕창으로 인한 괴사 조직 제거 등 38개 의료 행위를 자체 판단으로 시술할 수 있게 된다.

2017년 6월 성립된 '지역포괄 케어(커뮤니티 케어) 강화법'도 의료와 간병의 연계를 핵심 사항으로 담고 있다. '의료에서 간병으로, 병원·시설에서 재택으로'를 모토로 내건 이 법안에는 간병요양 병상을 대체하는 새로운 시설(간병 의료원)의 창설과 의료와 간병을 연계해 추진하는 기초단체에 대한 지원이 명시돼 있다.

19번째 전문의
'종합 진료의'가 탄생한 이유

일본에 19번째 전문의醫가 탄생했다. 그동안 일본의 전문의 영역은 내과, 정신과, 산부인과, 재활의학과 등 총 18개였다. 그런데 2018년 4월부터 종합 진료의가 전문의에 합류하면서 일본의 전문의는 총 19개 분야로 늘었다.

새롭게 전문의로 인정받은 '종합 진료의'란 특정한 병상에 국한되지 않고 말 그대로 종합적인 진료 능력을 갖는 의사를 말한다. 우리나라의 일차 의료를 담당하는 가정의를 떠올리면 크게 다르지 않다. 일본 전문의협회에 해당하는 일본 전문 진료의 기구는 종합 진료의를 '일상적으로 직면하는 질병과 상해 등에 적절한 초기 대응과 수요에 따르는 지속적인 진료를 전인적全人的으로 제공하는 의사'로 정의한다.

미국에서는 1969년에 1차 의료 전문의로서 가정의Family Practitioner가 탄생했고, 한국이나 필리핀 등에서도 '가정의'가 전문의로 인정받은 지가 꽤 오래된 것을 감안하면 일본의 종합 진료의는 상당한 지각 등장인 셈이다.

일본에서도 1차 의료의사와 관련한 논쟁을 30년 이상 거쳤지만 규정이나 자격에 대한 관계자들의 이해상충으로 도입되지 못했다. 일본 의료계에서는 이를 두고 일본 가정의의 '잃어버린 30년'이라고 자조自嘲하기도 한다. 그동안 일본에서는 개업의나 재택진료의가 가정의 역할을 해왔다. 만시지탄晩時之歎이지만 종합 진료의 탄생은 초고령사회 일본이 처한 의료계의 현실을 웅변해주고 있다.

일본은 독거 고령자들이 간병을 필요로 하는 상태에 놓이더라도 지역 사회의 관련 기관들이 손잡고 의료와 간병, 생활 지원 등 포괄적인 케어를 통해 일상을 떠받치는, 이른바 '지역 포괄 케어 시스템(커뮤니티 케어)' 구축에 속도를 내고 있다.

이 지역포괄 케어 시스템 구축에 의사 등 의료진의 중심적인 역할이 요구되고 있고, 그 역할을 제대로 수행하기 위해서는 고령 환자를 대상으로 하는 종합적인 진료의 중요성은 갈수록 커질 수밖에 없다. 종합 진료의의 등장은 이 같은 사회적 공감대가 만들어낸 것이라고 할 수 있다.

고령화는 필연적으로 질병 구조의 변화를 가져온다. 사람은 나이가 들면서 질환의 수도 함께 늘어난다. 일본 전문 진료의 기구의 최근 자료에 따르면 한 사람당 질환 수는 65세 미만이 2.3개, 65세 이상은 4.6개이며, 1인당 수진 진료과도 65세 미만은 2.5개과에 그친 반면 65세 이상은 4.3개과로 늘어나는 것으로 나타났다. 여기에 치매 등 정신적인 문제와 프레일(허약)을 호소하는 고령자들도 많다.

75세 이상 고령자들이 급증하는 일본의 경우 복수진료에 대한 수요는 갈수록 증가하고 있다. 한정된 전문의만으로 이를 감당하기 어렵다는 인식이 종합 진료의의 등장의 요인이 됐다.

또 노인 대국 일본은 건강보험, 개호보험介護(노인장기요양보험) 재정을 비롯한 사회보장비 급증으로 재정 압박에 시달리고 있다. 첨단 의료 등의 등장으로 의료 코스트가 급증하고 동시에 의료가 필요한 고령자가 크게 늘어남에 따라 사회보장 재정이 파탄 날 수 있다는 우려가 커지고 있다. 이런 상황에서 의료 자원의 효율성을 높이는 '일차의료'의 강화는 더 이상 미룰 수 없는 과제라는 게 일본 의료 관련 업계의 공통 인식이다. 이렇게 해서 탄생한 것이 일본의 종합 진료의이다.

종합 진료의들에게는 탄생 배경에 맞는 엄격한 소양과 자질이 요구되고 있다. 종합 진료의 기구는 종합 진료의의 소양을 다음과 같이 크게 세 가지로 제시하고 있다. ① 환자를 다각적으로 진료한다. ② (환자의) 가족과 생활 배경까지 진료한다. ③ 지역사회 전체를 진료한다. ②, ③ 항목은 앞서 말한 지역포괄 케어 시스템의 중추 역할을 강조한 것이다.

종합 전문의 연수 프로그램에 제시된 종합의의 여섯 가지 핵심 역량도 눈여겨볼 필요가 있다. ① '인간 중심의 의료 및 케어'는 환자 중심의 가족 지향적이고 활발한 커뮤니케이션, ② '포괄적 통합 접근'은 다양하고 복잡한 건강 문제에 대응,

임상 추론, 건강 증진과 질병 예방, 지속적인 의료 및 케어, ③ 다직종 협동의 팀 의료, 의료기관 연계 및 의료와 간병의 협업을 강조한 '협조 중시의 매니지먼트', ④ 지역 보건, 복지 사업의 참가, 의료의 지역 수요 파악 등 지역포괄 케어를 포함한 지역 지향적 어프로치, ⑤ 공익에 공헌하는 직업 규범, ⑥ 외래, 응급, 병동, 재택 등 '다양한 진료 장소에서의 대응.'

종합 진료의가 되기 위해서는 다른 전문의와 마찬가지로 2년간의 초기 임상연수를 수료하고, 3년간의 전공의(종합 진료의) 연수를 수행해야 한다. 연수를 마친 후 전문의 시험에 합격해야 정식으로 전문의 자격이 부여된다.

긴 우여곡절 끝에 종합 진료의가 전문의로서 인정을 받았지만 종합 진료의를 '전공의'로 선택한 예비 의사들은 총 184명(2018년 4월 전문의 신청 결과)이다. 전체 신청자 8,400명 중 2.2%에 그쳤다. 이 같은 성적을 두고 가정의가 전문의로서 정착하는 데는 긴 시간이 걸릴 것이라는 걱정이 있다. 반면 첫 선택인 점을 감안하면 희망적인 성적이라며 앞날을 기대하는 목소리도 만만치 않다.

갈수록 심각해지는 일본의 고령화 상황을 감안할 때 전체 의사의 30~40%가 종합 진료의로서 역할을 하지 않으면 일본의 의료는 지속가능하지 않다는 게 일본 의료계 전문가들의 진단이다.

치매 없는 치매 대국

버스가 오지 않는 버스정류장
치매 고령자를 위한 '착한 거짓말'

일본의 한 지방 도시에는 버스가 오지 않는 버스정류장이 있다. 이 버스정류장은 아무리 기다려도 버스가 오지 않는데, 거기에는 치매 고령자들을 배려하는 '착한 거짓말'이 숨겨져 있다.

2022년 일본공익광고협회의 공익광고 경진대회에서 치매 고령자를 위한 버스정류장을 주제로 한 광고가 신문광고 부문 대상을 받았는데, 다음은 해당 광고의 카피 내용이다.

"독일의 한 요양원에서는 치매 노인들의 배회가 자주 발생해 요양원 관계자들이 대응에 골머리를 앓았습니다. 그러던 어느 날 직원 한 명이 '배회하는 치매 노인들 대부분은 버스나 전철 등 공공 교통기관을 이용하려고 한다'는 것을 알아차렸습니다. 직원은 요양원 앞에 '버스가 오지 않는 버스정류장'을 설치했습니다. '집에 가고 싶다'는 (배회하는) 노인에게 '저기 버스정류장이 있으니 버스가 올 때까지 기다리면 어떨까요?'라고 말을 건네며 버스정류장으로 안내하고, 5분 정도 지난 후 '버스가 늦어지는 것 같으니 (정류장) 안에서 커피라도 한잔하시는 게 어때요?'라고 말하면 노인은 얌전하게 다시 요양원으로 되돌아간다고 합니다. 일본에서도 '버스가 오지 않는 버스정류장'을 설치하고 있는 곳이 있습니다. 2025년이면 고령자 다섯 명 중 한 명이 치매에 걸린다고 합니다. 치매 고령자들의 생명과 존엄을 지키는 '착한 거짓말'에 대해 여러분은 어떻게 생각하십니까?"

광고에서 말한 독일의 요양원은 뒤셀도르프 벤라트Benrath 지구에 있는 벤라트 시니어센터이다. 이 시니어센터의 '가짜 정류장' 효과가 알려지면서 요즘 유럽의 많은 요양시설이 버스가 오지 않는 정류장을 만들어놓고 있다고 한다.

치매에 걸린 사람은 단기기억은 거의 기능하지 않지만 옛 습관 같은 장기기억은 남아 있는 경우가 많다. 버스정류장 간판이 있는 곳에서 기다리면 버스를 타고 집으로, 고향으로 돌아갈 수 있다고 생각한다. 벤라트 요양원은 환자가 멀리 가서 버스정류장을 찾지 않아도 되도록 시설 바로 옆에 가짜 버스 정류장 간판을 세운 것이다.

가짜 정류장은 환자의 마음을 달래주는 효과를 준다. 요양 시설의 치매 노인이 "집에서 아이들이 기다리고 있으니 돌아가야 한다"고 떼를 쓰면 요양원 직원들은 이들을 억지로 말리거나 화제를 돌리지 않고 "저기 버스정류장이 있어요" 하며 정류장으로 안내한다. 그러면 치매 노인은 집으로 돌아갈 수 있다고 생각하며 안심하고 버스를 기다린다. 그러는 사이에 자신이 왜 버스를 타려고 했는지 잊어버리고 버스가 늦어지는 거 같으니 (요양원) 안으로 들어가 기다리자고 말하면 마음이 가라앉은 노인은 선뜻 제안을 받아들인다고 한다.

치매 인구가 600만 명을 넘어선 일본에서도 치매 노인들의 배회는 대응이 쉽지 않은 문제이다. 치매 노인이 배회하다 기차에 치여 사망하는 일이 자주 발생하고 있다.

광고 카피 속 일본의 가짜 버스정류장은 아이치愛知현 도요하시豊橋시 한 마을에 설치되어 있다. 마을의 한 치매카페 근처에 설치되어 있는데, 치매 노인을 위한 가짜 정류장의 뜻에 공감한 도요하시 철도 회사가 예전에 사용했던 '진짜 버스정류장'을 양도해주면서 만들어졌다. '앙키 카페'라는 이름의 이 치매 카페 사례가 매스컴을 타면서 치매 노인들의 배회 문제에 대한 사회적 공감대를 만들어내고 있다.

아이치현 남동부 도요하시시에 있는 '버스가 오지 않는 버스정류장' 모습. 실제로 과거에 버스정류장
으로 활용되던 시설을 설치해놓았다.   출처: 도요하시시 홈페이지

도요하시 철도가 과거에 실제로 버스정류장 간
판으로 사용하던 것을 설치해놓았다. 정류장 이
름은 '따뜻한 숲.'   출처:도요하시시 홈페이지

'버스가 오지 않는 버스정류장' 신문 광고.

출처 : AC재팬

책의 서두에서도 언급했듯이 일본은 2012년부터 치매 정책의 하나로 전국 시·읍·면에 치매카페를 설치하도록 지원하고 있다. 치매카페란 치매 환자와 그 가족들, 지역 주민, 의료 간병 전문직 등 다양한 사람들이 모여서 정보와 고민을 나누는 곳이다. 지역 주민들이 치매 환자나 가족들의 고민을 공유하고, 전문가와의 상담도 가능하다. 카페라는 자유로운 분위기 속에서 도움을 원하는 쪽과 도움을 주는 쪽과의 거리를 없애면서 지역의 주민들이 자연스럽게 치매를 받아들이는 치매 교류의 마을 거점이라고 할 수 있다.

도요하시시는 '치매 친화적 마을'로 이름이 알려져 있는데, 요양기관은 물론 기업과 학교 등 지역의 다양한 단체가 함께 치매 정보를 공유하면서 대응하고 있다. 시에서는 정기적으로 '치매와 함께하는 마을 만들기' 보고회를 진행한다. 가짜 정류장 프로젝트에 참여한 도요하시 철도 회사는 치매 고령자도 공공교통을 이용할 수 있도록 직원들에게 치매 고령자를 대하는 현장 실습 교육을 수시로 하고 있어 주목받고 있다.

치매 이어 '배회' 용어도 없앤다
용어가 낳은 부정적 인식부터 바꾸는 일본

일본에서는 치매라는 말을 쓰지 않는다. 국민적 합의를 거쳐 2004년부터 정부 공식 용어에서 추방됐다. '치매痴呆'라는 말이 갖는 부정적인 어감(어리석다) 때문에 치매 환자들이 차별적 대우를 받는 원인이 되고 있다는 이유에서다.

국민 공모를 통해 '인지증認知症'이 치매를 대체하는 공식 용어로 선정됐고 이후 정부와 시민들의 노력에 힘입어 인지증이라는 말이 정착됐다. 일본에서 인지증은 감추고 싶은 가족의 질병이 아닌 주변에서 흔히 볼 수 있는 노인성 질환으로 받아들여지고 있다.

지역 곳곳에 있는 '인지증 카페'에서는 치매 환자 본인 및 가족뿐만 아니라 일반인도 함께하면서 대화를 나누고, 스타벅스와 같은 유명 커피 체인점에서도 정기적으로 '인지증 카페' 이벤트를 열기도 한다.

인지증에 대한 기본 연수를 이수한 인지증 서포터즈가 2017년에 1,000만 명을 넘어섰고, 편의점 등 일반 마트의 직원들도 인지증 환자의 접객 노하우를 몸에 익힐 정도다. 인지증 환자가 세차 등과 같은 단순한 노동을 통해 사회 구성원으로 일하고 최근에는 인지증이 있는 고령자들이 스포츠 동호회를 만들어 각종 운동을 즐기는 모습도 쉽게 찾아볼 수 있다. 일본에서 이처럼 인지증의 일상화가 실현되고 있는 것은 치매에서 인지증으로의 용어 전환이 큰 역할을 했다는 평가다.

이런 가운데 요즘 일본에서 또다시 인지증 관련 용어를 교체하자는 논의가 부상하고 있다. 이번에 논란이 되고 있는 용어는 '배회徘徊'다. 몇몇 지자체에서는 이미 공식 문서에서 배회라는 용어의 사용을 금지했다. 배회의 사전적 의미는 '아무 목적 없이 어슬렁거리며 이리저리 돌아다닌다'이다.

그런데 이 말이 인지증에 대한 오해나 편견을 불러일으킬 우려가 있을 뿐 아니라 환자 본인이나 가족에 대한 배려가 부족한 용어라고 인지증 환자 가족과 시민단체들은 주장한다. 인지증 환자의 외출에는 본인 나름의 이유와 목적이 있으며, 따라서 배회라는 용어가 그 실태를 정확히 표현하고 있지 않다는 거다.

돗토리鳥取시는 2018년 7월부터 원칙적으로 공문서에 배회라는 용어를 사용하지 않기로 결정했다. 시의 보건사가 "인지증 환자에게도 산보나 장 보기 등 외출의 목적이 있다. 다만 기억력이 떨어져 길을 헤매는 것일 뿐 배회라는 말이 갖는 의미와 다르다"고 문제를 제기했고, 시 차원에서 검토 결과 보건사의 주장을 받아들였다. 이후 지자체의 행사 용어나 문서에 배회를 '혼자 걷기' 등으로 바꿔 쓰고 있다.

후쿠오카福岡현 오무타大牟田시는 2015년 '안심하고 배회해도 되는 거리'라는 지역 슬로건을 '안심하고 외출 가능한 거리'로 변경하면서 지자체 가운데 가장 먼저 배회라는 말을 추방했다. 같은 해 효고兵庫현도 배회라는 용어 사용을 중단했고 이듬해에는 도쿄 구니타치国立시가, 다음 해에는 아이치愛知현 오부大府시가 배회 대신 '외출 중에 행방불명이 되다' 또는 '혼자 걷다가 길을 헤매다' 등으로 문구를 대체 사용하고 있다.

인지증 지원 시민단체는 "배회라는 말은 인지증 환자를 아무것도 할 수 없는 다른 세계의 사람으로 하대하는 언어로, 환자 본인은 물론 가족들이 인지증을 받아들이기 힘들게 만드는 요인"이라며 용어 교체를 크게 환영하고 나섰다.

반론도 만만치 않다.

아오모리青森현 등 일부 지자체에서는 배회 대신 '홀로 산보'나 '혼자 걷기' 등의 사용을 검토했지만 행방불명이라는 긴급 상황의 성격을 시민에게 전달하는 데 배회라는 용어가 유효하다고 판단해 배회 용어를 유지하기로 했다. 이 현의 담당자는 '혼자 걷기'와 같은 말로는 인지증 환자가 행방불명된 상황이 가볍게 인식될 수 있어 오히려 위험을 키울 수 있다고 용어 교체에 난색을 표했다. 일본 경찰청에 따르면 2017년 전국 경찰에 접수된 인지증 행방불명자는 1만 5,863명으로 5년 전에 비해 1.7배 증가한 것으로 나타났다. 일본은 2025년이면 인지증 환자가 730만 명에 이를 것으로 추산되고 있어 인지증 행불자의 수는 더 증가할 전망이다. 한편 일부 언어학자들은 배회를 '길 잃은 고령자'라는 용어로 바꿀 것을 제안하기도 했다.

지자체가 치매 보험 들어줍니다
치매 친화적 마을의 진화

2007년 일본의 한 지방 도시에서 고령의 치매 환자가 기차선로에서 배회하다 열차에 치여 사망하는 사고가 발생했다. 사고 후 해당 철도회사인 JR도카이는 사망한 치매 노인의 가족(부인과 장남)에게 사고에 따른 대체 수송비용 720만 엔을 배상할 것을 요구했다. 이 소송은 치매 환자 사고의 책임에 대한 논쟁으로 일본 사회를 들끓게 했다.

재판에 초미의 관심이 쏠린 가운데 1심 재판부는 치매 노인의 부인과 장남에게 배상액 전부를 지불하라며 철도회사 측의 손을 들어주었다. 2심 판결도 배상액을 절반으로 줄이기는 했지만 역시 가족에게 배상의 책임이 있다고 판결했다. 이에 치매환자가족협회는 "치매 환자를 감금해두라는 거냐"며

거세게 반발했고, 찬반 주장은 팽팽히 맞섰다. 약 10년에 걸친 지루한 공방이 이어진 후인 2016년, 드디어 최고재판소(대법원)의 판결이 내려졌다.

"JR도카이의 손해배상 청구를 기각한다."

일본 최고재판소는 1, 2심 판결을 뒤집고 치매 환자 가족의 손을 들어줬다. "단순히 '동거 가족이기 때문에', '장남이니까'라는 등 단편적인 책임 추궁을 인정할 수 없다"는 게 판결의 이유였다. 재판부는 그러면서도 "배상의 의무는 동거 유무, 친족 관계, 간호 및 간병의 상황을 종합적으로 판단해야 한다"고 판시했다. 이 판결은 치매에 대한 사회적 책임을 강조하는 것이라고 할 수 있다. 그렇다고 치매 환자에 대한 가족의 관리 책임을 면제해준 것은 아니었다. 판결 이후 일본에서는 오히려 치매 사고로 떠안게 될 배상 책임을 걱정하는 목소리가 커졌고, 보험사들은 치매 사고 배상과 관련한 상품을 내놓기 시작했다.

도쿄해상일동화재보험은 2017년 12월 보험업계에서는 처음으로 보상 범위를 치매 환자의 가족까지 확대 적용하는 보험 상품을 출시했다. 기존 보험은 치매 환자가 부담해야 할 배상에 한정하고, '자녀 또는 가족의 보호 의무 소홀'로 인한 배상 책임에 대해서는 보장해주지 않았다. 치매 환자가 선로에 들어와 열차 운행이 중단되거나 지연될 경우 발생하는 손해까지 보상해주는 상품도 등장했다. 일부 지자체들은 치매 사고 배상금을 공적 자금으로 지원하는 세노를 도입하기에 이르렀다.

아이치愛知현 오부大府시는 2018년 6월부터 치매 환자나 가족들을 위해 개인배상책임보험을 대신 들어주는 제도를 시행했다. 1인당 연간 2,000엔인 보험료를 시가 모두 부담하는데, 치매 환자는 최대 1억 엔까지 배상받을 수 있다. 오부시는 2006년 치매 환자가 열차에 치이는 사고가 난 곳이다. 사고 이후인 2009년 치매 사고 불안이 없는 지역 만들기 특별조례를 만들어 지역의 행방불명자에 대한 대책을 강화했으며, '따뜻한 지킴이 네트워크'를 통해 치매 예방과 무사고를 위해 힘을 쏟고 있다.

후쿠오카福岡현 구루메久留米시는 그해 10월 보험회사와 계약을 맺고 치매 환자가 열차 사고, 자전거 사고, 물건 파손 등으로 제3자에게 배상해야 할 경우 최고 3억 원까지 보상해주기로 했다. 치매 환자, 가족의 불안과 부담을 줄여주기 위한 것으로, 의사가 치매를 인정한 40세 이상 주민이 그 대상이 된다. 가족 등의 신청으로 시가 보험회사와 계약하며 보험료는 1인당 연간 1,490엔으로 개인이 계약하는 것보다 저렴하다. 시는 치매 환자 천 명의 보험료에 해당하는 291만 엔의 예산을 편성했다. 구루메시는 시내에 기차역이 25개나 있어 배회하는 치매 환자 때문에 사고가 언제든 일어날 가능성이 높다고 걱정해왔던 차였다.

민간보험을 활용하지 않고 '공적자금'으로 치매 관련 배상금을 직접 지원해주는 지자체도 있다. 고베神戶시는 같은 해 3월 치매 사고로 인해 환자 본인이나 가족이 손해배상 소송을 당할 경우 배상금을 대신 지급해주는 조례를 제정했다. 지자체가 공적 자금을 동원해 치매 환자의 가족을 지원해주기로 한 것은 고베시가 처음이다. 치매 환자가 일으킨 사고의 배상 책임뿐 아니라 치매 환자 때문에 피해를 본 주민도 보조금 지원 대상에 포함한다고 한다. 시는 지원금 재원 마련을 위해 일정 정도(1인당 400엔 정도)의 세금을 초과 부과하도록 했다.

2025년이면 일본의 치매 인구는 730만 명에 이를 것으로 추산된다. 2015년에는 약 520만 명이었다. 일본 국토교통성에 따르면 2014년 전국에서 발생한 철도 사고 758건 중 29건이 치매 환자 때문에 일어났으며, 그에 따른 최대 손해배상액은 120만 엔에 이른다고 한다. 이렇듯 일본은 치매 환자 관련 사고가 급증하면서 치매 환자가 지게 된 배상 책임을 국가가 부담해야 한다는 목소리도 함께 커지고 있다. 후생노동성 측은 2017년 3월 "현 단계에서 공적 구제제도 창설은 시기상조"라는 부정적인 의견이었다. 그러는 한편 "민간보험을 적극 활용하도록 독려하겠다"고 밝힌 바 있다.

"6년간 치매 발병률을 6% 낮추겠다"
치매 예방 목표까지 내세운 일본, 과연?

치매는 예방할 수 있는 걸까?

치매 대국 일본 정부가 내놓은 치매 예방 대책이 큰 논란을 불러일으켰다. 치매 가족들의 강력한 저항에 부딪혀 관련 대책은 일단 철회되기는 했지만 파문은 여전하다.

문제의 대책은 국가의 치매정책의 근간이 되는 〈치매 대책 대강大綱〉을 말한다. 일본 정부는 2019년 6월 중 치매 인구 증가 등 새로운 환경 변화에 맞춰 새로운 〈치매 대강〉을 만들면서 치매 예방을 치매 대책의 중요 실천 과제로 내세웠다.

〈치매 대강〉은 그러면서 "향후 10년에 걸쳐 70대의 치매 발병 나이를 한 살 늦추겠다"는 수치 목표를 제시했다. 이 목표가 실현되면 "70대 치매 인구가 약 10% 줄어드는 효과를 볼 수 있다"고 강조하기도 했다. 치매 대책과 관련해 수치 목표가 나온 것은 이번이 처음이었다. 〈치매 대강〉은 또 2025년을 목표 실천 1차 기간으로 잡고, 향후 6년간 70대 치매 발병률을 6% 낮추겠다고 제시했다.

〈치매 대강〉의 초안에는 치매 예방을 위한 방안도 구체적으로 제시됐다. 운동 부족과 사회적 고립이 치매 발병 원인이 될 수 있다는 점을 지적하면서 고령자들의 사회 참여의 장을 확대하겠다고 했다. 이를 위해 각 지자체는 마을 공원이나 마을회관에서의 스포츠 교실과 다양한 교육 강좌 등을 적극적으로 개설해 고령자들의 참가를 유도한다는 내용이 포함됐다. 또 아직 치매 예방과 관련한 의료적 근거가 명확하지 않은 만큼 치매 예방에 관한 연구개발을 진행하고, 치매 예방과 관련한 민간의 상품과 서비스에 대한 평가 인증 등의 체계를 검토해나가기로 했다.

예방 이외의 치매 대책으로 기업과 지역에서 치매 서포터를 2020년까지 1,200만 명 양성하고, 의료 및 요양 관련 기관의 치매 연수 프로그램 100% 도입을 추진하며, 지자체의 '사전 본인 의사 표명 확인' 실시율 50%를 달성토록 했다.

치매 질환 의료센터를 전국에 500개소 설치하고 치매 대응 연수수료자 주치의 9만 명, 치과의 4만 명, 약제사 6만 명, 간호사 4만 명 확보와 치매 대응 재활 프로그램 개발 등 의료 관련 대책도 포함됐다.

일본의 현재 치매 대책은 2015년에 마련된 치매 국가전략, 이른바 '신新오렌지 플랜'이다. 일본에서는 치매정책을 오렌지 플랜이라는 이름으로 발표한다. 신오렌지 플랜은 주요 치매 대책의 일환으로 지역사회의 공생共生을 강조하고, 치매 서포트 주치의, 시민 서포터 양성(2025년 1,200만 명 목표)을 추진해왔다.

이번에 마련된 〈치매 대강〉은 신오렌지 플랜을 대체하는 정책으로 공생과 예방이 2대 주요 목표로 선정된 것이다.

하지만 치매 예방 수치 목표까지 제시한 정부의 공격적인 치매 대책에 대해 여론은 따가웠다. 치매 상황의 심각성에는 공감하면서도 치매 예방과 관련한 수치 목표가 치매에 대한 큰 오해를 낳을 수 있다는 비판이 거세게 일었다. 아직 치매에 관한 치료나 예방법이 확립되어 있지 않은 상황에서의 수치 목표는 마치 예방 활동을 열심히 하면 치매에 걸리지 않을 수 있다는 인상을 줄 우려가 있다는 것이었다.

치매 가족 등 관련 단체는 정부 관계자와의 면담에서 "열심히 예방에 힘썼던 고령자가 치매에 걸리면 자신은 낙오자가 됐다는 패배감에 자신감까지 잃게 된다"고 강력히 항의하기도 했다. 치매 환자를 '자조 노력이 부족한 사람', '사회의 짐'으로 여기는 풍조가 만연될 수 있다는 점을 지적하고 나섰다.

비판 여론이 거세지자 후생노동성은 〈치매 대강〉 본문에 수치 목표를 제시하지 않고 참고자료로 첨부하는 데 그쳤다. 하지만 이 〈치매 대강〉에서 치매 예방이 강조된 것을 두고 전문가들은 앞으로 치매와 관련해 '자조自助'를 강조하는 방향으로 정부 정책이 흘러갈 것임을 예고하는 것이라고 전망했다.

한편 세계보건기구wHo는 그 즈음 처음으로 치매 예방 지침을 만들어 공표했는데, 일상적인 운동, 금연, 적정한 혈압 유지, 생활 습관 개선을 통한 당뇨병 치료 등을 예방안으로 추천해 눈길을 끌었다. 운동과 관련해 65세 이상은 인지기능 저하를 방지하기 위해 일주일에 150분 이상 유산소 운동을 할 것을 권고했다. 과음을 피하고 체중을 일정하게 유지하는 것도 치매나 인지기능 저하의 위험을 줄일 가능성이 있다고 제시했다. 하지만 비타민 B나 E, 불포화지방산 등의 건강보조제는 치매 위험을 줄이는 효과가 불분명해 추천하지 않았다.

4부

시니어 비즈니스
본 막이 오르다

역발상과 현장 속에서
창출되는 뉴 마켓

빈집 문제 해결사가 나타났다
다거점 생활 플랫폼 '어드레스'

2023년 새해 다음날, 중견 기업에 다니던 지인이 정년퇴직을 했다. 위로의 말을 던지는 필자에게 그는 "앞으로 1년 동안은 아내와 '한 달 살기'하면서 놀 거야" 하며 밝게 웃었다. 한달 살기 첫 장소는 유럽의 포르투갈이라며 의기양양해 했다. 포르투갈은 물가가 싸고 안전하고 의료시스템도 잘 갖춰져 있어 은퇴 후 거주지로 요즘 인기라고 한다.

그 부부는 포르투갈 한 달 살기에 앞서 국내에서 예행연습을 하고 있다. 하지만 우리나라에서 지방 한 달 살기 여건은 녹록지 않다고 한다. 무엇보다 거처가 마땅치 않다는 것이다.

호텔이나 게스트하우스에서 보내기는 비용이나 생활면에서도 한 달 느낌이 덜하기 때문이다. 그 부부는 한 달 살기 전용 거처가 지방마다 있으면 좋겠다면서 아쉬워했다.

그 부부의 고민을 해결해주는 지방 한 달 살기 주거 모델이 일본에 있다.

'다거점多據點 생활 플랫폼 어드레스ADDress.'

어드레스는 일본 전국의 빈집 등 유휴자산을 리모델링해 지방에서 살고 싶은 이들에게 대여하는 서비스이다. 급증하는 빈집 문제 해결과 '다거점 생활'이라는 새로운 라이프스타일을 제안하고 있다는 점에서 요즘 일본에서 주목받고 있다. 특히 은퇴 후 지방 이주를 희망하는 시니어들에게 지방 거주 리허설용으로 관심을 끌고 있다.

일본 전국에 어드레스 거처는 2022년 9월 기준 약 240개(방 500개)가 있다. 각 어드레스에는 일과 생활이 가능하도록 가전제품과 가재도구, 와이파이wifi 등 인프라가 갖춰져 있다. 이용하고자 하는 사람들은 먼저 어드레스 회원 등록을 하고 원하는 어드레스를 예약한 후 사용하면 된다.

요금은 월 4만 4,000엔. 한 달에 40만 원 정도만 내면 전국을 돌아다니며 지방 거주를 할 수 있다. 사전 예약제로 2~3일 단기에서 최대 한 달까지 이용이 가능하다. 어드레스는 가족이나 친구와 함께 이용할 수 있다. 동반자의 이용료는 무료

회원 직업 분포

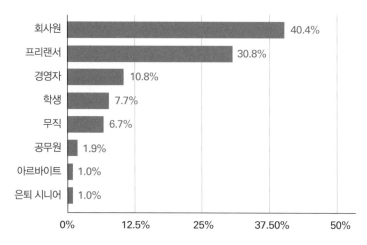

직업	비율
회사원	40.4%
프리랜서	30.8%
경영자	10.8%
학생	7.7%
무직	6.7%
공무원	1.9%
아르바이트	1.0%
은퇴 시니어	1.0%

출처: 어드레스 홈페이지 (2023.1.15)

다. 동반자 인원은 해당 어드레스의 방의 수에 따라 다르지만 평균 2명은 동반이 가능하다. 부부 한 달 살기에는 문제가 없는 셈이다.

회원 등록비, 입회비가 없고 광열비도 이용료에 포함되어 있다. 월정액을 내고 이용하는 서비스여서 '주거 구독 서비스'라고도 불린다.

2018년부터 서비스를 시작했는데, 코로나19 이후 회원이 급증하고 있다. 서비스 초기에는 주로 프리랜서나 기업 경영자 등 시간 활용이 자유로운 사람들이 이용했지만, 코로나19 이후 원격 근무가 가능해지면서 일반 직장인들의 이용이 3배 이상 크게 늘었다. 어드레스 주요 고객은 20~40대. 싱글, 패밀리, 시니어 등 다양한 세대가 어드레스에 공존하고 있다고 한다.

회원 등록에는 사용자들의 안전을 위해 엄격한 등록 절차를 거친다. 조직폭력배 등 범죄 집단의 참여 여부 등 반사회反社會 심사 과정을 통과해야 어드레스 회원이 될 수 있다. 회원 간 안전한 교류를 위해서, 또 주택을 공동 대여할 때의 안전을 위해서라고 한다.

어드레스는 단순한 여행지 숙박시설을 넘어 이용자들이 지방에서의 일상을 경험할 수 있다는 점이 가장 큰 특징으로 꼽힌다. 모든 어드레스에는 '야모리家守'라는 이름의 집 관리인이 지정되어 있다. 야모리는 집 관리를 비롯해 어드레스에 거주한 회원들의 지역 안내, 회원 간 그리고 현지 주민과의 교류까지 연결해준다. 야모리의 중개로 거주지 주민들의 커뮤니티에도 참여할 수 있다. 야모리를 통해 여행이 아닌 생활을 체험할 수 있다. 현지에 오래 거주하는 주민, 지역 재생에 관심이 많은 주민들이 야모리로서 참여한다. 은퇴자 등 시니어들이 많다. 이들에게는 2만~5만 엔의 수고비가 주어진다.

어드레스는 빈집이라는 마이너스의 자산을 다거점 생활 플랫폼이라는 비즈니스 기회로 전환시켰다는 좋은 평가를 받고 있다. 어드레스의 비즈니스 확장 가능성에 투자 회사들의 러브콜이 이어지고 있다. 요즘 전 세계를 돌아다니며 스키나 등산 등 취미 생활을 하는 호퍼hopper들이 늘고 있는데, 이들의 일본 내 거처로 어드레스가 활용되고 있다. 어드레스는 최근 '어스earth호퍼협회'를 운영하는 (주)파이어니어와 업무 제휴를 맺었는데, 윈터 스포츠와 다거점 생활의 협력 사례로 언론에 소개되기도 했다.

지자체도 어드레스 사업에 재정 지원 등 다양한 지원을 하고 있다. 어드레스가 빈집 문제 해결사로 역할을 하고 있기 때문이다. 어드레스의 경험을 통해 지역 이주를 결정하는 사람들도 있고, 또 일시적 거주이지만 이른바 '관계 인구'를 늘려줌으로써 지역 활성화에 기여할 것으로 기대하고 있기 때문이다. 어드레스와 협업하는 지자체가 현재 20곳이 넘는다.

'돈이 된다'는 소식에 그동안 집을 방치하던 집주인도 어드레스에 관심이 많아졌다. 어드레스에 집을 대여하면 안정된 임대 수익을 제공받을 수 있기 때문이다. 처음에 집 리모델링하는 데 비용이 들지만 집 주인에게 월평균 4만 엔 정도의 임대 수익이 주어진다고 한다. 최근에는 금융회사가 개입해 집주인에게 리모델링 비용을 대출해주고 있어 어드레스 신규 거점이 빠르게 늘어나고 있다. 금융회사가 집주인에게 리모델링 비용을 대출해주고, 물건에서 나오는 수익을 집주인과 어드레스, 금융회사가 공유하는 방식이다.

일본에는 849만 가구의 빈집이 있다(2018년 총무성 주택토지통계조사). 전체 가구의 13.6%나 된다. 노무라 종합연구소는 2038년에는 세 집 중 한 집(31.5%)이 빈집이 될 수 있다고 경고한다. 연구소는 자가 보유 비율이 높은 베이비붐 세대, 이른바 단카이 세대가 75세가 되는 2025년 이후부터 급증할 것으로 예측했다. 빈집 걱정이 커질수록 어드레스와 같은 다거점 생활 방식에 대한 관심도 커질 것으로 보인다.

MZ 세대와 짝꿍 된 시니어
"100세 시대 두렵지 않아요"

개성 강하고 솔직 담백한 MZ 세대. 이른바 꼰대와의 대척점에 있을 것 같은 MZ 세대가 시니어들과 짝꿍으로 만났다. 90년대 출생 대학생들이 지역에 사는 고령자 집을 방문해 말벗을 해주고 함께 장을 보거나 인근 공원에서 산책도 한다. 요즘은 고령자들에게도 스마트폰 이용은 필수다. 지자체에서 관련 교육을 해주고 온라인에 동영상도 넘쳐나지만 고령자들의 답답함은 시원하게 풀리지 않는다. 이럴 때 MZ 짝꿍이 직접 해주는 쉽고 친절한 설명은 큰 힘이 된다.

일본에서 손자뻘 되는 대학생들이 혼자 사는 고령자의 짝꿍이 되어주는 서비스가 등장해 주목받고 있다. 서비스 이름은 못토 메이트もっとメイト, 베스트 파트너라는 뜻의 이 서비스는 시니어 세대의 웰빙을 실현하는 손자 세대의 '짝꿍 서비스'라는 콘셉트로 2020년 선을 보였다.

못토 메이트 서비스를 제공하는 ㈜미하루의 아카기 마도카赤木円香 대표는 "미안하구나!"라는 말을 입에 달고 사시는 할머니가 안쓰럽고 죄송한 마음도 컸다고 한다. 그동안 애쓰며 살아오신 고령자들이 인생의 종반에 왜 가족과 사회에 늘 미안해해야 하는 걸까?

아카기 대표의 의문과 고민은 창업으로 이어졌다. 사전조사를 해보니 외로워하는 고령자들이 생각보다 많다는 것을 알게 됐다. 나 같은 손자 세대가 나서면 고령자 세대의 고독감 해소와 자존감 향상에 도움을 줄 수 있겠다는 확신이 들었다고 아카기 대표는 회고했다.

"고령자는 바쁘게 사는 주위 사람들이나 손자 등 가족에게 일상의 사소한 부분을 도와달라고 부탁하는 것을 어려워합니다. MZ 짝꿍 서비스는 기존의 가사 대행이나 간병 서비스의 공백지대를 파고든 것이라고 할 수 있습니다."

아카기 대표는 현지 언론과의 인터뷰에서 못토 메이트 서비스의 핵심 콘셉트를 이렇게 설명했다.

못토 메이트의 기본요금은 시간당 3,500엔. 시간 연장 시 추가 요금이 있다. 싸지 않고 서비스 내용도 언뜻 보면 평범한 이 서비스가 요즘 일본에서 화제를 모으는 이유는 서비스의 '디테일'에 있다고 현지 언론들은 전한다.

MZ 세대가 시니어의 짝꿍이 돼 정기적인 대화를 통해 그들의 개별적인 고민과 잠재적 요구를 끌어내고, 이에 대응한 맞춤형 프로그램을 제공하는 것이 못토 메이트의 경쟁력이라고 아카기 대표는 강조한다.

스마트폰 강좌의 경우, MZ 세대 짝꿍이 고객 자택을 방문해 의견을 경청한 후 고객 요구에 맞춘 강좌를 설계해 대면으로 실시한다. 고객이 어려워하는 포인트를 정리한 오리지널 가이드북을 만들어 교육에 활용한다. 관련 용어까지도 시니어 세대에 맞추는 세밀함을 추구한다. '멤버→회원', '인터넷 검색→사전 찾기' 등 영어식 용어를 알기 쉬운 말로 바꾸어 이해하기 쉽도록 도와준다.

못토 메이트의 MZ 짝꿍이 되기 위해서는 좁은 문을 통과해야 한다. ㈜미하루에서 활동하는 대학생은 2,025명. 여러 단계의 면담을 통해 채용되는데 채용률은 10~15%에 그친다. 채용된 후에도 디테일한 교육 프로그램을 이수해야 한다.

대학생 파트너들은 짝꿍을 방문할 때 고객 진료기록 카드를 휴대하는데, 이 카드에는 대화의 계기가 될 수 있는 140여 개의 문항이 있고, 방문 시 매회 3~4개 문항의 답변을 채워 나간다. 예컨대 고객이 졸업한 초등학교를 묻고 그 학교를 구글 맵으로 검색해 유튜브로 교가校歌를 찾아보는 등 디지털을 통해 사회와의 접점을 갖도록 유도한다.

진료기록 카드는 자료화해 CRM(고객관계관리 시스템) 구축에 활용하고 있다. 가족에게 말할 수 없는 고민을 제3자에게는 이야기할 수 있는 경우가 많은데, 이런 과정을 통해 고령자 고객이 어떤 가치관을 가지고 있고, 어떤 고민을 안고 있는지 등을 분석해 서비스에 활용한다.

못토 메이트 서비스를 제공하는 ㈜미하루는 닛케이 계열

고령자들과 함께하는 못토 메이트들의 모습

잡지로부터 '미래의 시장을 만드는 100대 기업(2023년)'에 선정됐다. 서비스 내용이 돌봄 분야를 넘어 다양한 사업으로, 확장성이 크다는 점을 인정받았다. 실제로 못토 메이트 서비스는 다양한 사업 협력을 진행 중이다. 제휴업체들은 주로 못토 메이트의 파트너 교육 노하우, 고객 데이터에 매력을 느낀다. 시니어를 주 고객으로 하는 UI은행은 (주)미하루가 축적한 시니어 관련 데이터, 지식, 커뮤니케이션 노하우 등을 활용해 고객 서비스 관련 사내 교육을 시행 중이다. 컨시어지 연수, 콘텐츠 제작, 현장 롤 플레이 연수 등도 함께 진행한다.

2022년 2월에는 장착형 사이보그 HAL의 제조업체 사이버

다인Cyberdyne과 'HAL with 못토 메이트' 서비스를 시작했다. 사이버다인이 제공하는 신체 기능 회복 장착기기 HAL을 고령자들이 이용할 때 (주)미하루의 스태프가 고령자 자택을 방문해 사용법을 지도한다. 머슬 딜리버리Muscle Deli라는 유통회사와 함께 고령자의 식생활, 생활 실태, 건강 관련 조사를 함께하고, 음식 배달 서비스 사용법을 강의하기도 한다.

못토 메이트 서비스는 최근 한 투자회사로부터 에이지 테크Age Tech 분야 제1호 투자 안건으로 선정됐다. 이 회사는 "고령자의 IT 이용률이 해마다 높아지고 코로나19의 영향으로 디지털화가 진전된 지금이 에이지 테크Age Tech 서비스가 개화할 타이밍이다. (주)미하루 자체의 가능성에 더해 서비스 플랫폼으로서의 확장성이 크다고 평가했다"고 밝혔다.

"1인 고령 가구를 잡아라"
일본 편의점의 '시니어 격전'

젊은 학생과 직장인들로 북적이는 편의점. 이웃 나라 일본의 편의점 풍경은 우리와는 사뭇 다르다. 이용객 3명 중 1명이 머리 희끗한 50대 이상, 이른바 시니어가 주 고객이다.

2018년 9월 닛세이기초연구소가 세븐일레븐 이용자의 연령 분포를 시계열로 분석한 리포트를 발표해 주목을 끌었는데, 이에 따르면 지난 1989년 한 해 세븐일레븐을 이용한 고객은 20대 이하가 60%로 절대다수를 차지했다. 같은 해 50대 이상 이용자는 10%에 머물렀다. 그런데 2017년에 이르러 상황이 역전된다. 20대 이하 이용자가 20%로, 1989년의 3분의 1 수준으로 급감하고, 대신 50대 이상은 전체 고객의 40%를 차지한다. 50대 장년층의 편의점 이용 증가세는 인구 변화율을 감안하더라도 크게 늘어난 것이었다. 구체적으로 1989~2016년 동안 총인구 중 50대 비율은 30%에서 46%로 1.5배 증가한 데 비해 세븐일레븐의 50대 이상 고객 수는 4배나 증가했다.

주목할 점은 이 기간에 세븐일레븐의 영업 실적이 이용자 수뿐만 아니라 매출과 객단가가 동반 증가했다는 것이다. 일본의 편의점 전체 매출액은 이미 2009년에 백화점을 넘어섰고 가까운 장래에는 대형 마트 체인점도 앞지를 것으로 전망되고 있다. 이에 대해 편의점의 소비 패턴을 연구해온 닛세이 기초연구소의 구가 나오코 주임연구원은 "구매력 높은 1인 고령자 세대가 견인한 현상"이라고 분석했다.

일본의 1인 가구는 전체 가구 수의 30%를 넘어섰고 이 중 60세 이상 가구가 전체의 4할을 점하고 있다. 1인 가구는 2040년이 되면 전체 가구 수의 40%에 달할 것으로 예상되는

데, 이 중 60대 이상 고령 가구가 절반을 차지할 것으로 추산된다.

일본 시니어 층의 편의점 사랑은 편의점의 판매 구조가 고령자 1인 가구에 안성맞춤이기 때문이라고 구가 연구원은 분석한다. 편의점은 식료품이나 야채 등을 소량으로 포장해 판매하는데, 이 같은 판매 구조가 그때그때 필요한 만큼만 구매하고자 하는 독거 시니어들에게 매력적으로 다가간다는 게 첫 번째 이유다. 또 편의점이 주택가에 위치해 있고 1층이라는 점, 점포 내 공간이 크지 않아 구매 시 이동 거리가 짧다는 점 등도 고령자 1인 가구가 편의점을 애용하는 이유로 분석됐다. 이를 두고 일본 언론에서는 편의점이 '마을의 냉장고', '마을의 부엌' 역할을 톡톡히 하고 있다고 평가한다.

구가 연구원은 기존 편의점의 주 고객층인 젊은이들의 편의점 이탈도 편의점의 시니어 시프트를 가속화하는 요인의 하나로 작용했다고 강조한다. 요즘 젊은 층은 장기 불황을 겪은 세대이다 보니, 소비 스타일이 가격에 민감하다는 거다. 따라서 편의점보다 디스카운트 숍을 선호하는 경향이 강하고 또 온라인 가격 비교 등 디지털 능력을 활용해 가성비 높은 인터넷 구매 위주로 소비한다.

편의점이 일상의 인프라로 부상한 점도 시니어들의 편의점 애용 이유로 꼽힌다. 일본 편의점은 세금 등 공공요금 수

납에서부터 주민증 발행 등 행정 관련 서비스를 대행하고 있다. 우편물과 택배를 보내고 받을 수 있고, 세탁물 위탁에서 버스, 항공권, 콘서트 티켓 구입까지 다양한 서비스로 고령 소비자들의 일상의 거점이 되고 있다. 세븐일레븐의 지주회사 세븐아이홀딩스는 2017년 CSR 리포트에서 '고령화, 인구 감소 시대에 필요한 사회 인프라 제공'을 자사의 주요한 사회적 역할로 규정하기도 했다.

고령화율이 30%를 향해 치닫는 등 초고령화가 가속화하면서 일본 편의점들은 지역 고령자들의 커뮤니티 거점 역할에도 주목하고 있다. 편의점 내에 간병센터나 조제약국을 두는가 하면, 외출이 어려운 소외지역 노인들을 위해 대신 장을 봐주기도 한다. 지진 등 대형 재난 시 신속히 물자를 지원하고 이재민에게 수돗물 화장실 주변 정보를 지원하는 협정을 지자체와 맺었다.

세븐일레븐의 '세이프티 스테이션safety station 활동'이 대표적이다. 이 사업은 세븐일레븐과 함께하는 안전하고 안심할 수 있는 마을 만들기 프로젝트다. 지역사회와의 관계를 중시한 사업으로, '세이프티 스테이션 실시 점'이라는 푯말이 붙은 세븐일레븐 매장은 위험에 처한 여성이나 아이들을 긴급 보호하거나 배회하는 치매 고령자를 보호해 가족이나 경찰에게 연락하는 역할을 하고 있다.

점포 내 ATM을 이용하는 고령자들의 행동을 관찰해, 고령자의 금융사기 피해를 예방하는 사례도 있다. 세븐일레븐은 각 지자체와 '지킴이 및 모니터링 협정'을 맺는데, 2017년 11월 말 435개 점포가 세이프티 스테이션으로 활동했다.

로손ロ―ソン의 경우 고령자 간병 분야와 협업하는 사업이 눈에 띈다. 케어Care 로손으로 불리는 이 사업은 편의점에 간병 상담 창구를 두고 고령자와 그 가족을 위한 간병 서비스를 제공한다. 간병 상담 창구는 아침 8시 반부터 오후 5시 반까지 운영되고 간병요양 관련 전문가가 상주한다. 요양 관련 상품도 취급한다. 로손은 세대 간 교류를 위해 편의점 내에 살롱 스페이스를 설치하고, 지역 시니어를 위한 행사를 개최하는 등 커뮤니티 거점 역할을 하고 있다.

패밀리마트는 일반 의약품은 물론이고 제조약도 구입할 수 있는 '편의점＋일반 의약품＋조제약국' 일체형 점포를 확대 중이다. 고령자를 배려한 염분과 당질을 제한 식품, 음식 섭취에 어려움을 겪는 환자를 위한 스마일 케어식 등의 메디컬 푸드(요양식) 취급 점포를 늘려가고 있다. 현재 병원 내 편의점을 중심으로 전국에서 약 70개점을 운영하고 있다.

도시락 배달 서비스해주는
신탁 상품의 등장

'금융자산의 고령화.'

초고령사회인 일본의 언론에 자주 등장하는 말이다. 일본은행(일본의 중앙은행)의 자산순환 통계에 따르면 2018년 일본 가계의 금융자산은 약 1,900조 엔에 달했다. 우리나라 돈으로 환산하면 1경 9,000조 원이나 되는 거액의 자산을 일본 국민 개인이 보유한 것이다.

그런데 이 중 3분의 2(64.5%)에 해당하는 금융자산이 60세 이상 시니어들의 주머니에 있다. 그뿐 아니라 75세 이상의 후기 고령자가 보유한 금융자산도 전체의 22%나 된다. 다른 연령대에 비해 고령자들의 금융자산이 많은 부분을 차지하고 있음을 알 수 있다. 금융자산이 고령화하고 있는 것이다.

안정적인 현금 저축뿐만 아니라 리스크가 높은 주식 등 유가증권도 70세 이상 고령자들이 106조 엔 어치를 갖고 있다. 이는 개인이 보유하는 유가증권 전체의 41%에 달한다. 2035년이면 이 규모가 468조 엔으로 급증하면서 개인 보유 유가증권의 절반이 70세 이상 고령자의 몫이 될 것이라고 미즈호총합연구소는 추산했다.

금융자산의 고령화에 가장 민감하게 반응하는 곳은 역시

금융기관들이다. 일본의 은행이나 증권, 보험사들은 디지털 기술을 활용한 맞춤형 서비스, 금융 분야 외 일상생활 지원 서비스와의 연계 등 금융의 영역을 뛰어넘는 도전에 나섰다.

일본의 은행들은 믿고 맡기는 '신탁信託'을 활용했다. 금융 자산의 고령화로 가장 먼저 주목받는 분야가 판단 능력이 떨어지는 고령자들의 자산관리다. 치매 환자를 비롯한 후기 고령자들의 자산을 어떻게 보호·관리하느냐가 금융기관의 주요 관심사로 떠오른 것. 이에 은행업계에서는 신탁 기능을 살린 상품들을 내놓으면서 고령자의 안전한 자산관리가 필요하다고 강조한다. 신탁이라는 기능을 통해 미리 안전장치를 만들어 놓아야 한다는 것이다.

대표적인 것이 '해약 제한형 신탁'이다. 신탁한 돈을 인출할 때 자녀 등 사전에 지정한 친족이나 변호사 등의 동의를 구하도록 한 상품이다. 미즈호신탁은행의 '선택형 안심신탁'은 고객의 라이프스타일에 맞춘 금융 기능을 필요할 때 선택해 이용할 수 있다는 것이 가장 큰 특징이다. 예를 들어 신탁 재산에서 생활자금 등을 정해진 시기에 정액으로 받을 수 있도록 하는 기능, 사기 방지나 치매 대응을 위해 본인이라도 간단히 해약할 수 없게 하는 기능, 환갑 때 증여 기능 등을 자유롭게 조합해 선택할 수 있다.

신탁 금액은 3,000만 엔 이상 원금보장형으로 운영되는데,

이 상품 계약자의 평균연령은 84세라고 한다. 미즈호신탁은행은 선택형 안심신탁 상품이 고령자 맞춤형 금융 서비스로는 히트상품이라고 자랑한다.

미쓰이스미토모신탁은행도 사전 지정인의 동의를 얻은 후 일상생활에 필요한 자금을 정기적으로 수령하는 '시큐리티형 신탁' 상품을 판매 중이다. 고령자가 맡긴 신탁자금은 미리 지정한 가족 등의 동의가 없으면 지불이 불가능하도록 했다. 신탁자금 운용 전에 가족 등과 상담할 기회를 만들어 고령자가 사기 등 범죄에 당하지 않도록 방지하는 효과가 있다.

미쓰비시신탁은행의 '미래의 지킴이'라는 상품은 유료 노인홈(고급형 요양원, 실버타운) 등 노인시설에 입주할 때의 보증금이나 1회 10만 엔 이상 고액의 의료비에만 인출이 가능하도록 했다. 건강할 때보다 노후 요양과 치료가 필요한 때에 한해 신탁 금액을 쓰도록 미리 정해놓은 상품이다. 신탁 금액은 1,000만 엔 이상으로 상한액은 없다. 이 상품을 구입한 고객에게는 치매 관련 및 노인시설, 성년 후견인 후보가 되는 사법서사 정보 등 간병 상황이 발생했을 때 유익한 각종 정보가 제공된다.

금융상품에 맞춰 일상생활 지원을 함께 제공하는 서비스도 등장했다. 미즈호신탁은행은 자사의 고령자 대상 신탁상품을 계약한 고객에게 도시락 배달 등 배식 서비스를 할인 가격으로 제공하기 시작했다. 금융기관이 음식 배달 서비스를 도입한 것은 처음이다.

증권업계는 고령자를 직접 만나 고민을 들어주고 장수 리스크에 대한 해결책을 찾아줌으로써 신뢰 관계를 쌓는 데 주력하고 있다. 노무라증권은 2017년 4월 초고령사회 대응 조직으로 하트풀 파트너Heartful Partner라는 고령자 전문팀을 발족했다. 고령자들의 장수에 대한 불안, 상속·증여에 대한 고민을 들어주고 불안을 덜어주는 역할을 한다. 이를 통해 고령자 고객 본인뿐 아니라 그 가족과의 신뢰 관계 구축에도 힘을 쏟고 있다.

보험업계에서는 치매보험 상품 개발과 판매에 주력하는 것이 눈에 띈다. 치매보험은 보장 대상을 치매로 한정하는 대신 보장을 두텁게 하면서 보험료를 억제한 것이 특징이다. 기존 보험은 사망이나 병에 의한 입원 등 보장 범위가 넓었고 보험료도 비싼 편이었다. 치매보험은 지난 2016년 다이요생명보험이 업계에서 처음 출시하면서 빠르게 확산됐다. 아사히생명보험이나 부국생명보험, 손포재팬, 일본 교아해바라기 생명보험 등 중견 생보사들도 상품을 잇달아 내놓았다. 2018년 12월에는 대형 생보사 다이이치생명보험이 치매보험을 판매하기 시작했다.

금융 자산의 고령화가 가속화하면서 '금융 노년학'도 주목받고 있다. 일본 게이오대학은 지난 2016년 '파이낸셜 제론톨

로지Financial Gerontology'연구센터를 설립해 눈길을 끌었는데, 금융 노년학은 고령자의 경제 활동이나 자산 선택 등에서 발생하는 문제를 경제학과 다른 관련 분야를 연계해 해결 방안을 찾아내는 새로운 연구 영역이다. 이 연구센터에서는 경제학뿐만 아니라 의학 등을 포함한 초고령사회에 대한 종합적인 연구를 진행하고 있다. 특히 고령자의 인지 기능 저하가 자산 선택에 어떤 영향을 주는지를 중심으로 연구하고 있는데, 센터 연구자들은 "고령화로 인해 개인들이 보유하고 있는 거대한 금융자산이 정상적으로 운영되지 않아 돈의 순환을 저해하고 경제 성장의 발목을 잡을 우려가 크다"고 경고했다.

의료와 피트니스의 뜨거운 만남
'메디컬 피트니스'

2023년 7월에 문을 연 도쿄도 마치다町田시의 한 피트니스 클럽 리버스Re-birth는 보통의 피트니스 클럽과 분위기가 사뭇 다르다.

클럽 회원들이 받는 트레이닝 프로그램은 모두 회원 개별 건강진단 데이터와 의사의 소견 등 의학적 근거를 기초로 해 만들어졌다. 클럽에는 물리치료사, 운동지도사 등 전문가들이 상주하면서 의사의 '운동 처방전'을 기반으로 회원들에게 맞춤형 트레이닝을 제공한디. 클럽 스태프들은 운동 효과를 점검하고 의사와 정기적으로 상담하면서 트레이닝 효과를 정기 점검하고 있다. 또 최첨단 AI가 탑재된 운동 머신이 그날의 회원 몸 상태에 따라 의자 높이와 운동량의 강도를 조정하기도 한다.

피트니스와 의료가 융합한 메디컬 피트니스가 일본에서 주목받고 있다. 메디컬 피트니스란 환자나 개인의 건강 상태와 체력에 맞춰 전문적 운동 프로그램을 제공하는 서비스이다. 일반적으로 의료기관이 제공하는 운동요법을 지칭하지만 광의로는 '의료적 요소를 접목한 체력 단련'을 메디컬 피트니스로 부른다. 피트니스의 주요 목적이 몸 만들기보다 생활습관병 예방 등 건강 유지에 있다고 할 수 있다.

일본 니가타新潟시에 있는 메디컬 피트니스 쿠오레Cuor는 시의 한 종합병원(네쿠야마 미야오 병원)이 병설한 메디컬 피트니스 클럽이다. 회원의 평균 나이는 56.7세(50대 21%, 40대 12%), 60대(39%)가 가장 많고 70대 이상 고령자도 14%나 된다. 나이가 나이인 만큼 당뇨병, 고혈압, 고지혈증 등 생활습관병을 앓고 있는 사람들이 많다. 쿠오레는 병원 소속 의사의 지시에 따라 건강 상태 검진과 체력을 측정하고, 측정 결과를 기준으로 회원들에게 맞춤형 운동 프로그램을 제공한다.

구체적인 프로그램은 이렇다. 회원들은 먼저 의사와 전문 트레이너의 상담을 통해 피트니스의 목적을 분명히 한다. 의사는 혈액 검사, 체지방 분석, 복부내장지방 CT 검사 등의 메디컬 체크를 하고, 그 결과에 따라 안전하고 효과적인 운동을 위한 운동 처방전을 발행한다.

이 처방전에 근거해 건강운동 지도사(전문 트레이너)가 맞춤형 운동 프로그램을 작성해 진행한다. 매월 운동의 결과를 정리한 〈피트니스 리포트〉가 발행되는데 거기에 맞춰 영양 및 생활 지도가 실시된다. 6개월 등 일정 기간이 경과하면 혈액 검사, 내장지방 CT 등 메디컬 체크를 실시해 운동 프로그램의 효과를 판정하고, 효과가 없으면 프로그램을 변경해 진행한다. 쿠오레는 이 같은 과정을 반복하면서 회원들의 건강 및 체력 관리를 한다. 정기 건강진단과 전문적 운동요법, 두 마리 토끼를 잡는 데 드는 비용은 입회비(3만 엔)와 월 1만 5,000엔이다.

흥미로운 것은 이곳의 시설 이용료에 세제 혜택이 주어진다는 점이다. 일본은 지난 2003년 국민의 건강 의식을 고취하기 위한 목적으로 건강증진법을 시행했는데, 이 법에 근거해 질병 치료 및 예방을 위한 적절한 운동 프로그램을 제공하는 시설(지정운동요법 시설)에 대해 세액공제 혜택을 주고 있다. 지정운동요법 시설의 이용료는 치료비로 인정받아 소득세의 의료 공제 대상이 되고 있다.

지정운동요법 시설은 2022년 현재 일본 전국에 약 210곳이 있다. 이 시설들은 회원들의 고혈압, 지질이상증, 당뇨병 등의 생활습관병에 대한 정기적 점검을 해야 하고, 의사의 운동처방전에 기초해 주 1회 이상, 8주 이상의 기간에 걸쳐 운동을 지속하도록 해야 한다.

지자체와 손을 잡고 폐교를 메디컬 피트니스 시설로 활용하는 사례도 화제다. 야마가타山形현 무라야마村山시는 메디컬 피트니스 시설이 지역의 폐교를 활용하면서 주민들의 건강 서비스도 제공할 수 있다며 피트니스 클럽 개설을 적극 지원하고 있다. 피트니스 클럽이 의료비 억제로 이어질 수 있을

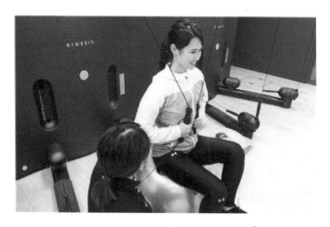

출처: 리버스 홈페이지

것으로 기대하고 있다.

메디컬 피트니스 시설들은 또 회원의 운동 지속성을 높이기 위한 다양한 이벤트를 펼치고 있다. 메디컬 피트니스가 지루하고 힘든 곳이 아니라 운동과 커뮤니티를 함께 즐기는 곳이라는 인식을 주기 위해서다.

군마群馬현 다카하시高梁시의 구로사와 병원이 운영하는 메디컬 피트니스 & 스파 발레오 프로는 운동 프로그램 이외에 회원들이 함께할 수 있는 다양한 이벤트를 열고 있다. 볼링 등 스포츠 동호회나 정기적 뷔페 행사 등이 그것이다. 그 덕택에 이 시설에서 지난 반년 동안의 회원 퇴원율이 1%에 그친다고 한다. 이시카와石川현 고마쓰小松시의 다이내믹 클럽도 서예나 회화 등 20개의 강좌를 개설해 운영하면서 회원들의 운동 지속성을 높이고 있다.

차에 탄 채로 처방약 받는다
'드라이브 스루 약국'

일본의 약국이 대변신하고 있다. 고객 맞춤형 서비스와 디지털 온라인 서비스를 내세우면서 기존 전통 약국과 차별화를 꾀하는 약국들이 등장하고 있다.

일본 군마群馬현 마에바시前橋시의 약국 체인점 '마루에'. 마루에 아사쿠라朝倉점은 환자가 차에 단 재로 처방약을 받을 수 있는 드라이브 스루drive through 조제 서비스로 유명하다. 드라이브 스루 전용 창구에서 처방전을 제시하고 기다리면 약제사가 간단한 복약 설명과 함께 처방약을 건넨다.

마루에가 제공하는 전용 애플리케이션(앱)을 이용하면 대기 시간을 크게 줄일 수 있다.

'마루에 약 수첩'이라는 앱에서 본인이 내방할 점포를 선택한 후 병원에서 받은 처방전을 촬영해 업로드한다. 이어 본인이 희망하는 방문 시간 등의 몇 가지 정보를 기입한 후 '송신' 버튼을 누르면 신청 절차는 완료. 해당 약국에서 약이 준비되면 휴대폰으로 알림 메시지가 오고, 약국을 방문해 간단한 복약 지도와 함께 약을 수령하면 된다.

고령자 인구가 상대적으로 많은 구마모토熊本시에서도, 거동이 불편한 고령자 고객이 차량을 이용해 약국을 방문할 때 내리고 타는 번거로움과 고충을 호소해 시내의 조제약국 세 이라점이 이에 드라이브 스루 방식으로 응답했다. 구마모토시에는 이 같은 드라이브 스루 약국이 14곳이나 있는데 고령자의 이용이 계속 증가하고 있다고 한다.

2018년 5월 개업한 도쿄 가쓰시카葛飾구의 조제약국 유유는 접수와 조제를 분리하는 조제약국의 새로운 비즈니스 모델을 제시해 눈길을 끌고 있다. 처방전을 받으면 일단 처방약 리스트를 출력해 복약 지도를 하고 결재를 완료한 후, 약이 이튿날 집으로 우편 배송되는 방식이다. 환자들이 몰릴 때를 감안해 환자 대기 시간을 줄이고 약제사의 작업 효율도 높이는 일석이조의 효과를 노렸다.

도쿄 아카사카赤坂구에 사무실을 두고 있는 미나컬러 약국은 2014년 약제사들이 의기투합해 만든 '온라인 조제약국'이다. 약국 사이트에 유용한 의료 정보를 제공하는가 하면 영상 통화를 통해 약제사들이 무료로 의료 상담을 해준다. 미나컬러 약국은 의료 서비스 전체를 IT를 통해 온라인화하겠다는

미나컬러 약국 약제사가 약 택배 전용 오토바이를 타고 배달하고 있다.

출처: 미나컬러 홈페이지

포부를 내건 약국의 이단아였다. 하지만 "약 처방 시 약제사와의 대면 하에 설명을 들어야 한다"는 규제가 걸림돌이 됐다.

그렇다면 약사가 직접 환자 집을 방문해 대면 복약 지도와 처방약 전달을 하면 되지 않을까. 이렇게 해서 시작된 것(2015년 9월부터)이 약제사가 직접 오토바이를 몰고 환자 집을 찾아가는 '약 택배 서비스'다. 최단 30분 이내의 총알 배송을 실천하고 있다고 한다.

오키나와沖繩현의 링고(사과) 약국도 독거노인이나 가족, 방문요양이 필요한 고령의 환자처럼 약국에서 약을 수령하기 힘든 사람들을 위해 약 택배 서비스를 하고 있다. 팩스로 처방전을 받아 약을 조제하고, 조제약을 약사가 직접 방문해 복약 지도하는 방식이다. 링고 약국은 복약 지도뿐만 아니라 약 캘린더, 약 보관 박스 등을 통해 고령 환자들이 제때에 약을 복용할 수 있도록 관리까지 해주고 있다.

약제사에 의한 택배 서비스는 인력 활용 면에서 한계가 있다. 그런 가운데 2018년 4월부터 원격의료 서비스가 장기요양보험 수가에 반영되는 등 온라인 의료가 현실화되면서 온라인 복약 지도와 관련한 규제 완화 목소리에 힘이 실리고 있다.

일본 정부는 이 같은 기류를 감안해 그해 5월부터 국가전략특구에서 온라인 복약 지도를 허용하고 있다. 특구는 고령화율이 높거나 과소지가 많은 후쿠오카福岡시, 아이치愛知현, 효고兵庫현의 야부養父시 세 곳이다.

이곳에서는 약제사가 스마트폰이나 태블릿 PC 등의 영상 통화를 통해 환자에게 복약 지도를 하고 처방약을 자택으로 배송해주고 있다.

한편, 특구에서 온라인 약국을 운영하고 있는 미나컬러 약국은 향후 규제 완화를 염두에 두고 드론을 활용한 약 택배 시스템도 준비하고 있다. 시즈오카静岡현 서부에 위치한 하마마쓰浜松시는 2017년 이미 드론을 활용한 의약품 수송 실증실험을 시작한 바 있다. 또 편의점 패밀리마트는 대중약 판매뿐만 아니라 조제약국과 손잡고 편의점-약국 일체형 점포를 51개 운영 중이다. 패밀리마트는 앞으로 일체형 매장을 계속 늘려나갈 계획이며, 규제가 완화되면 인기를 끌고 있는 고령자 식사 배달 서비스에 처방약 배달을 포함할 예정이다.

의사들이 만드는 디지털 헬스 벤처

사례 1. 의사와 의사 간 SNS 상담 서비스

지방 병원의 정형외과 전문의 나카야마 씨가 혼자 당직을 서고 있을 때의 일이다. 새벽에 20세 남성이 교통사고로 구급차에 실려왔다. 부상이 상당히 심해 왼쪽 다리를 절단하고 겨우 생명을 구할 수 있었다.

'목숨은 건졌으니 정말 다행이다'는 안도의 한숨이 나올 찰나에 갑작스러운 공포가 밀려왔다. '혹시 교통사고가 아닌 다른 질환의 환자였더라면? 내가 잘 모르는 분야의 응급환자였다면…?'

이듬해인 2016년 나카야마 씨는 안타큐에이AntaaQA라는 온라인 상담 서비스를 론칭했다. 안타큐에이는 의사가 자신의 전문 분야가 아닌 질환의 처치나 치료에 어려움을 겪을 때 온라인상으로 해당 분야 전문의와 상담할 수 있는 서비스다.

실례로 당직 근무를 하던 내과 전문의가 밤 11시에 안타큐에이에 "자궁근종으로 입원 중인 환자가 복통을 호소하고 있습니다"라는 질문을 검진 영상과 함께 올리자, 곧바로 산부인과 전문의로부터 대응 방법 답신이 도착했다. 방사선과 전문의도 안타큐에이에 올라온 영상을 보고 원인을 분석해 조언을 해줬고, 이를 토대로 해당 내과 전문의는 적합한 치료를 할 수 있었다고 한다.

나카야마 대표는 현지 언론과의 인터뷰에서 "안타큐에이는 의사와 의사를 실시간으로 연결함으로써 환자에게 보다 더 정확한 대응과 치료가 가능해지는 장점이 있다"며 "의사 부족에 시달리는 지방의 의료 현실을 개선하는 데 도움을 줄 것"이라고 표현했다. 안타큐에이에는 현재 내과, 외과 등 2,000여 명의 의사가 실명으로 참여하고 있다.

사례 2. 심부전 환자 재활 위한 '원격 심장 재활시스템'

'리모허브'는 다니구치라는 의사가 만든 디지털 헬스케어 벤처다. 다니구치 씨가 창업을 결심하게 된 계기는 심부전을 앓고 있는 한 80대 할머니의 치료를 담당하면서부터다. 손자의 결혼식에 참석하기 위해 퇴원한 이 여성은 일주일 후 심부전이 재발해 재입원했지만, 결국 목숨을 잃었다.

심부전은 고령자에게 많이 나타나는 질환이다. 재입원율이 높다는 특징이 있다. 5명 중 2명이 재입원한다고 한다. 한 번 입원하면 보통 1개월은 있어야 하기 때문에 그만큼 환자의 금전적인 부담도 크다.

심부전을 비롯한 심질환 환자에게 심장 리허빌리테이션 rehabilitation(재활훈련)은 필수적이다. 재발을 막기 위해서는 30분 이상의 유산소 운동을 주 3일 이상 하도록 권고하고 있다. 이 재활훈련으로 재입원율을 39%나 줄였다는 연구 보고도 있다.

문제는 심장 재활훈련은 의료 종사자의 지도와 전문 기기가 필요하다는 것이다. 입원 환자의 경우 곁에 의료인과 재활센터가 있어 훈련하는 데 문제가 없지만 외래 환자는 사정이 다르다. 퇴원한 환자의 재활훈련 지속률은 10% 미만이라고 한다. 이 때문에 재입원율이 높아지는 악순환이 계속된다. 이런 문제점에 착안한 다니구치 씨는 집에서도 원격으로 재활훈련을 할 수 있는 시스템을 개발했다. 2017년 3월 선보인 리모허브의 원격관리형 심장재활시스템이 그것이다. 클라우드를 활용해 환자의 자택과 의료기관을 연결해 의료종사자의 영상 지도 아래 집에서도 심장 재활을 할 수 있도록 한 것이다.

환자는 웨어러블 심전계를 장착하고, 의료 관계자는 전용 앱을 통해 환자의 심박수를 모니터링하면서 운동 부하負荷를 조정한다. 에어로바이크를 이용해 30분~1시간 재활을 진행한다. 오사카대학 부속병원과 오사카 급성기종합의료센터에서 중증도의 심부전환자 10명을 대상으로 실용화 실증 실험을 하고 있는데, 원격 시스템을 통한 재활 지속률이 90%에 달한다고 한다. 제품화가 이루어지면 향후 고혈압이나 당뇨병, 투석 등 지속적인 의료종사자의 재활 지도가 필요한 다른 질환으로 시스템 적용을 확대할 계획이다.

사례 3. 의사 부족으로 ICU를 원격으로 지원

집중치료 전문의인 T-ICU의 나카니시 대표는 집중치료 전문의가 아닌 의사가 영상 전화로 집중치료 전문의의 조언을 받을 수 있도록 하는 원격 집중치료 지원 서비스를 선보였다.

일본의 경우 큰 사고나 중증 질환의 환자가 ICUintensive care unit(집중치료실)에 입원하더라도 70%는 전문의의 손길을 기대하기 힘들다고 한다. 일본의 집중치료 전문의 수는 1,600명. 의사 수가 부족하고 지역 편재도 심하다. 실제 일본의 전국 ICU 가운데 전문의가 상주하는 곳은 300개, 전문의가 없는 ICU가 800곳에 달한다. 미국에서는 20년 전부터 원격 집중치료를 도입해 시행 중이며 그 덕분에 사망률을 26%까지 낮췄다는 보고도 있다.

T-ICU의 원격 집중치료 지원 서비스는 전문의가 없는 병원에서도 적절한 집중치료를 받을 수 있도록 하는 데 목적이 있다. 시스템은 현재 월 90만 엔에 제공되는데 집중치료 전문의를 고용하는 것에 비하면 비용이 8분의 1 수준이라고 한다.

2019년 1월 말 일본 도쿄에서는 경제산업성 주최로 '재팬 헬스케어 비즈니스 콘테스트 2019'가 열렸다. 재팬 헬스케어 비즈니스 콘테스트는 디지털 헬스 기술을 활용해 초고령사회에 필요한 의료에 적극 대응하자는 취지로 2016년 이래 매년 열리고 있다.

2019년 콘테스트에서는 7개사가 최종 후보에 올라 뜨거운 경연을 펼쳤는데, 이 콘테스트가 주목받은 것은 최종 후보 가운데 3곳이 의사 출신이 만든 벤처라는 점이었다. 상기한 3개의 사례가 의사가 직접 창업한 디지털 헬스 벤처들이다.

이 콘테스트의 그랑프리는 의사 벤처의 몫은 아니었다. 전자 복약지도 기록 시스템인 무스비(묶다는 뜻)가 차지했다. 2017년 8월부터 서비스를 시작한 무스비는 종래 2시간가량 걸렸던 복약지도 기록 업무를 20분으로 획기적으로 단축했다는 점이 높은 평가를 받았다. 기록 시각을 줄이면 환자를 위한 복약지도 시간을 늘릴 수 있고 약사들의 업무 환경도 개선되는 효과를 기대할 수 있다는 것이다.

무스비는 태블릿 단말에 복약지도 내용이 제시돼 화면에 표시된 약의 설명이나 건강 조언 중에서 환자에게 해당되는 내용을 설명하고 그 부분을 터치하면 자동적으로 지도 내용이 기록 일지에 반영되는 방식이다. 복약지도 후에 기록하는 것을 깜빡 잊어버려 일지 기록에서 누락되는 위험이 줄어든다. 또 환자의 연령, 질환, 복약 정보를 기반으로 건강을 위한 맞춤형 생활 어드바이스도 가능해진다. 이를 통해 생활습관병(성인병)의 중증화도 예방하는 효과가 있을 것으로 평가받았다.

성인 기저귀를 땔감으로 만드는 일본 중소기업 'SFD 시스템'의 역발상

쓰레기 처리 선진국으로 평가받는 일본이 요즘 특정 쓰레기 때문에 골머리를 앓고 있다. 성인용 종이기저귀가 그것이다. 고령화가 심화하면서 간병이 필요한 고령자들이 급증하고 있고, 일본의 성인용 기저귀 사용량도 빠르게 늘어나고 있다. 당연히 기저귀 폐기물도 급증할 수밖에 없다.

성인용 기저귀 쓰레기는 유아용과 달리 용량이나 위생 면에서 처리하기가 까다롭다고 한다. 쓰레기 처리 주체인 각 지자체들이 적지 않은 부담을 호소하고 있다. 상황이 심상치 않음을 느낀 일본 정부가 종이기저귀 쓰레기 처리에 관한 리사이클 방안을 포함한 관련 지침을 마련했다.

일본 위생재료공업연합회에 따르면 2017년 성인용 기저귀 생산량은 약 78억 장에 달했다. 지난 10년 동안 33억 장이나 증가했다. 성인용 기저귀 판매량이 유아용을 앞지른 것이 이미 2012년의 일이다.

사용량이 늘어나는 만큼 쓰레기도 함께 급증하고 있다. 일본 종이기저귀 리사이클 추진협회의 집계에 따르면 성인용 기저귀 폐기물 규모는 2017년 기준으로 145만 톤에 육박했다. 10년 전인 지난 2007년 84만 톤에서 급증한 것이다. 보통

성인용 기저귀는 사용 후 무게가 4배까지 늘어난다. 유아용에 비해 용량이 크고 흡수하는 수분량이 많기 때문이다. 배설물의 위생 처리에도 많은 품이 들어간다. 일본 환경성은 현재 일반 쓰레기의 5% 정도를 차지하는 성인용 기저귀가 앞으로 2030년이 되면 8%까지 늘어날 것으로 추산하고 있다.

일본에서는 가정이나 요양시설 등에서 사용한 기저귀 대부분을 일반 쓰레기로 간주해 지자체가 처분하고 있다. 처분비용은 지자체가 부담한다. 성인 기저귀는 유아용과 달리 수분이 많아 쉽게 타지 않아서 소각로 온도를 높여야 하는데 이에 따른 연료비 부담이 만만치 않다고 한다. 일부 지방 도시는 인구가 줄어 세수는 급감하는데 기저귀 폐기물의 증가로 쓰레기 소각로를 증설해야 하는 압박에 시달리고 있다.

성인용 폐기저귀 처리에 대한 민원이 증가하자 일본 정부는 대책 마련에 속도를 내고 있다. 담당 부처인 환경성은 법 개정에 따라 폐기저귀의 리사이클과 관련한 가이드라인을 마련해 지자체나 관련 업계의 참여를 유도하고 있다. 가이드라인에는 쓰레기 회수 방법, 리사이클 기술 연구조사, 분리수거 방안 등 구체적인 지침이 포함됐다. 특히 폐기저귀 리사이클 분야에 선도적으로 대응하고 있는 지자체나 기업들을 적극 지원할 방침이다.

폐기저귀 리사이클을 비즈니스 기회로 삼는 기업들도 나

오고 있다. 돗토리鳥取현 호키伯耆초라는 작은 지역에 '슈퍼 페이즈'라는 중소기업이 있다. 환경관련 기기를 개발 제조하는 회사인데, 이 회사는 폐기물을 연료로 재탄생시키는 기술로 업계의 주목을 받고 있다.

'SFD 시스템'이라는 이름의 폐기저귀 연료화장치는 회수한 폐기저귀를 파쇄, 건조, 탈취, 살균 등의 과정을 거쳐 직경 1cm, 길이 2~3cm의 펠릿pellet(작은 덩어리 또는 알갱이)으로 생성해낸다. 이 펠릿의 발열량은 1kg당 5,000kcal로 석탄에 필적한다고 한다. 슈퍼 페이즈는 2010년부터 마을의 요양시설과 보육원에서 나오는 폐기저귀를 펠릿 연료화해 지역 대중목욕탕 등 입욕시설에 보일러 연료로 납품하고 있다. 슈퍼 페이즈의 폐기물 리사이클 장치 덕에 호키초는 쓰레기를 대폭 감량하는 데 성공했다. 일본 최대 기저귀 생산 회사 유니참은 성인 기저귀 폐기물 처리의 모범을 제시하겠다는 목표 아래 지방 도시와 손잡고 실증실험을 진행 중이다.

일본 최남단의 가고시마鹿児島현에 인구 3만 명의 시부시志布志시라는 작은 도시가 있는데, 이곳은 일반폐기물 리사이클을 가장 잘하는 도시로 유명하다. 유니참은 2016년부터 이곳에서 폐기저귀에서 펄프를 추출해 이것을 다시 새 기저귀로 재생산해 공급하는 '순환형 기저귀 시스템' 구축을 목표로 실험하고 있다. 이 실험에는 유니참의 첨단 리사이클 기술이 활용되고 있는데, 유니참은 폐기저귀에서 고급 수성수지 등을 뽑아내 이것을 펄프화하는 기술을 세계 최초로 성공시킨 바 있다.

후쿠오카福岡시는 토털케어 시스템이라는 폐기물 처리 기술을 이용해 일반 가정에서 별도 회수한 폐기저귀를 리사이클하고 있는데, 연간 약 5,000t 규모의 폐기저귀를 리사이클해 건축 자재로 재자원화하고 있다.

일본 은퇴전문가
오에 히데키 대표

2023년 2월 14일

부자로 은퇴하는 직장인의 세 가지 조건

오에 히데키大江英樹 대표는 일본의 대표적인 은퇴 전문가이자 경제 칼럼니스트다. 증권회사에서 40년간 자산관리 업무를 한 후 2012년 오피스 리베르타스라는 컨설팅회사를 설립해 시니어 층을 위한 자산운용, 기업 연금, 투자 관련 교육을 하고 있다. 또한 제2의 라이프 플랜을 테마로 글을 쓰고 강연하고 있다. 금융회사에서 오랜 시간 근무한 경험을 바탕으로 2022년에 《투자의 속성》이라는 책을 펴냈다. 초고령사회 일본에서 은퇴 전문가로 활동하는 그에게 연금 관리와 투자에 관해 조언을 들어봤다.

Q. 이전에 《평생 돈 걱정 없는 삶을 사는 법》이라는 매우 유혹적인 제목의 책을 냈다. 그런 방법이 정말 있나?

A. '평생 돈으로 어려움을 겪지 않는 삶을 사는 법'이라고 하는 게 더 맞겠다. "돈 때문에 곤란하지 않다"고 하는 사람은 없을 것이다. 뭔가를 원하거나 뭔가를 하고 싶을 때 돈이 부족할 수 있기 때문이다. 하지만 이 책에서 말하고 싶은 것은 '돈 때문에 곤란하지 않다'는 것이다. 즉 '곤란한 일의 원인이 돈이 아니게 하려면 어떻게 하면 좋을까?' 라는 내용이다. 그러기 위해 중요한 것은 모든 가치를 돈으로 환산하지 않는 것이다. 돈을 들이지 않고도 즐겁게 지낼 수 있는 방법은 많다.

Q. 노후가 불안한 이유는 세 가지 무지에서 비롯된다고 했다. 세 가지 무지란?

A. 1. 퇴직 후에 돈이 얼마나 들어오는지 모른다(연금이나 퇴직금 등).
2. 노후생활에 돈이 얼마나 필요한지 모른다.
3. 1과 2를 파악하지 못하니 자신이 돈을 얼마나 마련해야 안심할지 몰라 불안해하는 것이다.

Q. 한국에서 연금 개혁 논의가 한창이다. 저출산·고령화는 연금 재정에 상당한 부담을 줄 것이 분명하다. 정부와 개인은 어떤 대처가 필요하다고 생각하나?

A. 저출산·고령화로 일하는 사람이 적어지면 문제지만 일본은 일하는 사람과 일하지 않는 고령자의 비율이 크게 변하지 않았다. 50년 전에는 정년이 55세였지만 현재는 60~65세여서 일하는 고령자가 늘고 있고, 일하는 여성의 수는 50년 전에 비해 배로 증가하고 있기 때문이다. 정부가 해야 할 일은 노인이나 여성이 일할 수 있는 환경을 조성하는 것이다. 개인이 해야 할 일은 가능한 한 오래 일하고 연금 수령 시기를 늦추는 것이다. 그러면 연금 수급액이 늘어나기 때문이다.

Q. 연금은 언제부터 받는 것이 좋을까? 연금 수령 전략에 대해 조언해준다면?

A. 개인의 라이프 플랜에 따라 다르기 때문에 일률적으로 말할 수는 없지만, 기본 원칙은 되도록 오래 일하고 수령 시점을 뒤로 미루는 게 좋다고 생각한다. 연금은 저축이 아니라 보험이기 때문에 자신이 일할 수 없게 됐을 때 수령액을 많이 받을 수 있도록 해 두는 것이 좋다. 실제로 나는 65세부터 연금을 받지 않고 70세부터 받기 시작했는데 연금액이 40% 증가했다.

Q. 한국에서는 연금 재정 고갈에 대한 걱정 때문에 많이 내고 적게 받는 구조로 이행할 필요가 있다는 이야기가 나온다. 일본도 비슷한 과정을 겪어왔다. 일본에서 2023년에 새로운 연금 제도가 시행된 것으로 알고 있다. 어떤 것인가?

A. 일본 연금 개정의 핵심은 세 가지다. ① 후생연금 가입자 범위가 넓어졌다. ② 연금 수령 기간 선택지가 많아졌다. ③ 연금을 받으면서 일해도 연금 지급액이 줄어들지 않도록 소득 상한 금액이 인상됐다.

Q. 오에 대표는 일반적인 연금 재정 위기론과 달리 "연금 재정은 절대 파탄 나지 않는다"고 주장한다. 근거는 무엇인가?

A. 연금은 현역 세대가 지불하는 보험료로 수급 세대를 지탱하는 구조다. 그 말은 현역 세대가 없어지지 않는 한 연금 수급이 중단되는 일은 없다는 이야기다. 게다가 일본의 연금 적립금이 234조 엔이나 된다. 세계에서 가장 많다. 유럽의 프랑스나 영국, 독일 등은 적립금이 거의 제로지만 연금을 제대로 지급하고 있다. 그 이유는 현역 세대가 존재하기 때문이다.

Q. 노후 투자 방법에 대한 이야기로 넘어가보겠다. 노후 자금이 연금만으로는 부족하기 때문에 은퇴 후에도 투자가 필수가 되고 있다.

A. 젊었을 때부터 투자를 해봤던 사람이면 좋겠지만, 전혀 경험이 없는 사람이 퇴직하고 갑자기 투자를 시작하는 것은 위험하다. 만약 투자

한다면 정해진 금액을 일시에 투자하는 것이 아니라 매달 일정 금액을 조금씩 투자하는 방식으로 시작하는 게 좋다. 나는 40년 가까이 증권사에서 일했음에도 퇴직 후 매달 소액으로 조금씩 신탁상품(펀드)을 매수하는 방식으로 투자하고 있다. 금융기관에 자산 운용을 일임하는 랩어카운트Wrap account를 이용할 때는 반드시 신뢰할 수 있는 회사인지 확인하고, 레버리지Leverage를 활용하는 투자 방식은 권하고 싶지 않지만, 꼭 하고 싶다면 최대한 신중하게 하는 것이 좋다.

Q. 《돈의 장수비법》이라는 저서에서 자산의 수명 연장법을 강조했다. 인생 100세 시대에 돈의 수명을 늘리는 비결은 무엇일까?

A. 방법은 두 가지다. 하나는 가능한 한 오래 일하는 것. 회사에 다니더라도 50세 정도가 되면 회사를 그만둔 후에 일할 방법을 준비하는 것이 중요하다. 또 하나는 지출을 재검토하는 것이다. 보통 퇴직한 후 지출은 현역 시절의 70% 정도로 줄어든다. 은퇴 후에도 현역 때와 같은 생활(소비)을 하면 쓸데없는 돈을 많이 지불하게 될 수도 있다.

Q. 《옆집 억만장자들》이란 책에서 자산 1억 엔을 모은 사람들의 생각, 습관, 행동을 분석했더니 억만장자에게는 세 가지 공통점이 있다고 말했다. 어떤 것인가?

A. 자영업과 직장인은 차이가 있다. 자영업 부자는 ① 약속을 잘 지키고 ② 빠르게 결론을 내며 ③ 방이나 책상을 항상 깨끗하게 한다는 공통

점이 있다.

직장인 억만장자들의 공통점은 ① 매달 자동으로 적립식 투자를 하는 습관을 가지고 있고 ② 일정한 생활 패턴을 확립하고 있으며 ③ 스스로 생각하고, 다른 사람들의 조언을 무조건 받아들이지는 않는다는 것이다.

Q. 좀 더 구체적으로 억만장자의 돈에 대한 생각, 투자 패턴의 특징은 무엇인가? 또 금융회사에서 오래 근무하며 발견한 투자를 잘하는 사람들의 공통점이 있는가?

A. 가장 먼저 꼽을 수 있는 건 돈의 사용법에 대해 자신의 철학과 생각을 확실히 가지고 있는 것이다. 자신에게 가치가 있다고 생각하는 것에는 돈 쓰는 것을 아끼지 않지만, 불필요한 것에는 1엔도 쓰지 않는다는 것이다.

투자 패턴의 특징으로는 자신이 잘하는 방법을 지속적으로 유지한다는 것이다. 미국 주식을 잘 아는 사람, 펀드에 적립식으로 투자하는 것을 좋아하는 사람, 부동산 투자를 잘하는 사람, 각각 자신이 경험한 투자 방법 중 자신에게 가장 맞다고 느낀 것을 계속하고 있는 사람이 성공하는 것 같다. 남들의 말이나 권유로 성공한 예는 잘 보지 못했다.

Q. 중장년과 노년층에게 바람직한 자산관리 방법이 있을까?

A. 비슷한 답변이 되겠지만, 다소 위험을 감수할 수 있는 사람이라면 글로벌하게 분산하면서 투자할 수 있는 펀드를 매달 조금씩 사가는 방법이 좋다고 권하고 있다. 투자 위험을 감수할 수 없는 사람에게는 일본의 경우 개인용 국채가 좋다고 생각한다. 특히 10년 만기로 금리가 변동하는 타입을 추천한다. 이런 상품이라면 장래에 금리가 상승해도 대응할 수 있기 때문이다.

Q. 퇴직 전후의 분들을 비롯해 저서《투자의 속성》한국 독자들에게 100세 시대에 바람직한 투자 방법에 대해 조언을 부탁한다.

A. 무엇보다 중요한 것은 투자와 관련한 ① 공부를 하는 것이다. 하지만 아무리 공부해도 가격 변동을 눈앞에 두면 인간은 잘못된 판단을 내리기 쉽다. 그래서 다음으로 중요한 것은 ② 소액이라도 좋으니 일단 체험하는 것이다. 소액이면 실패해도 큰 피해를 보지 않는다. 다음으로는 ③ 장기 스탠스에서 투자를 생각하는 것이다. 단기적으로는 가격 변동을 예측하는 게 매우 어렵고 실패할 확률이 높아진다. 그렇기 때문에 시간을 들이는 것이 중요하다. 지금은 80~90세 정도까지 사는 사람이 드물지 않다. 60세에 정년퇴직한다고 해도 이후에도 20~30년이라는 긴 시간이 있으니 천천히 자산 형성을 해나가는 게 좋을 것이다. 나도 60세부터 투자를 시작했다. 천천히 조금씩 투자해서 성공하길 기원한다.

은퇴 후 일상을 바꾸는 마법의 한마디

초고령사회 일본에서 은퇴 전문가로 활동하는 그가 한국인들에게 은퇴 후 인간관계와 생활에 대해 어떤 조언을 하는지 들어보았다.

Q. 오에 대표는 '은퇴 낙원'을 강조하는 은퇴 낙관론자로 알려져 있다. 은퇴 준비 조언들이 오히려 노후 불안을 야기한다고 말한다. 정년 이후가 인생의 황금기라고까지 하셨는데 너무 긍정적인 생각이 아닐까?

A. 오해가 없도록 말씀드리지만 '은퇴 낙원'이라는 것이 '은퇴 후에는 아무것도 하지 않고 낙원에서 사는 것처럼 보낸다'는 뜻이 아니다. 현역에 있는 동안에는 하기 싫은 일도 억지로 해야 했는데 퇴직한 후에는 내가 하고 싶은 일을 마음껏 할 수 있기 때문에 낙원이라고 말하는 것이다.

Q. "직장인 뇌를 버려라"고 했다. 또 '회사 인간'에서 '일하는 인간'으로 변모하라고 강조했다. 직장인의 뇌란 무엇인가? 또 회사 인간과 일하는 인간의 차이는?

A. 직장인의 뇌라고 하는 것은 지시받은 것 이외의 일은 하지 않는 사람을 말한다. 현역 시절에는 자신의 주장이 회사 안에서 좀처럼 인정되지

않기 때문에 회사의 지시를 따를 수밖에 없다. 하지만 독립적으로 스스로 일을 한다면 아무도 지시해주는 사람이 없기 때문에 자신의 머리로 생각할 수밖에 없다. 회사 인간이란 회사에 대해 로열티를 가지고 있는 사람, 일하는 인간이란 자신의 일에 로열티를 가지고 있는 사람을 말한다.

Q. 한국에서는 은퇴 후 창업을 하면 노후에 파산할 가능성이 높다고 말리는 분위기가 강하다. 일본 퇴직자의 창업 상황은 어떤가?

A. 일본도 창업하는 사람이 많은 것은 결코 아니다. 80% 이상의 사람들은 회사에서 제공하는 재고용 프로그램에 따라 65세까지 일하고 나머지는 아무것도 하지 않고 은퇴 생활을 하고 있다. 나는 창업이라고 해도 그렇게 규모를 키울 필요는 없고, 본인과 본인의 가족끼리 할 수 있는 범위 내에서 하고 싶은 일을 계속 해야 한다고 생각한다. 돈은 그렇게 많이 벌지 않아도 된다. 직장에 몸담았던 사람은 연금만으로 생활할 수 있기 때문에 잘 안되더라도 바로 그만두면 될 것이기 때문이다.

Q. 시니어 창업의 주요 실패 이유와 성공 조건은 무엇이라고 생각하나?

A. 실패 이유는 첫째, 돈을 너무 많이 들이는 것, 둘째, 규모를 키우려는 것, 셋째, 하고 싶은 일이 분명하지 않은 채 창업하는 것, 이 세 가지라고 생각한다.

은퇴 후 창업에 성공하기 위해 필요한 것은 '내가 하고 싶은 것을 분명히 하는 것', 이것이 가장 중요하다. 다음으로 빚을 내거나 사람을 많이 고용해 규모를 키우려고 하지 않는 것이다. 은퇴 후 창업은 그런 것만 피하면 낮은 위험으로 미들middle(중간 수준) 리턴을 얻을 수 있다.

Q. 50세 이후에는 회사 사람들과 지내지 말라고 약간 과격한 조언을 하기도 했다. 무슨 뜻인가?

A. 절대 과격하지 않다고 생각한다. 회사 안의 사람들과는 퇴직하면 인연이 끊긴다. 가능한 한 50대에 회사 이외의 친구를 만들어두는 것이 퇴직 후 고독해지지 않는 방법이다.

Q. 이성 친구가 중요하다고 했는데.

A. 남자와 여자는 생각하는 구조가 다르다. 무언가 활동할 때 그룹 안에 남녀가 섞여 있는 것이 중요하다. 이성異性의 사고 구조를 이해할 수 있다면 부부의 의사소통에도 크게 도움이 된다.

Q. 은퇴 후 집에서 아내가 해주는 세 끼 식사를 하는 남편을 한국에서는 '삼식이'라고 부른다. 일본에서는 '젖은 낙엽 남편'이라고 불리는데, 은퇴 후 부부간의 갈등을 단적으로 보여주는 단어인 것 같다. 어떤 노력을 하면 갈등을 피할 수 있을까?

A. 부부간 갈등의 이유를 들자면 현역 시절 느끼던 자부심이 은퇴 후까지

도 계속되고 있기 때문이다. 그래서 아내를 아랫사람 대하듯 하는 것이 갈등의 핵심 원인이라고 생각한다. 거기에서 벗어나려면 남편들이 은퇴 후 적극적으로 집안일을 하는 것이 중요하다. 그리고 오히려 아내를 회사 상사 대하듯 하면 된다. 그런 식으로 생각을 바꾸면 아내를 대하는 태도가 달라질 것이고, 아내도 어떻게든 적극 협조하려는 노력을 하지 않을까.

Q. 은퇴 후 부부간 의사소통에 필요한 전략이 있다면?

A. 가장 중요한 것은 서로에게 "고맙다"고 말하는 것. 우리 집에서는 평소 아무것도 아닌 일에도 가능한 한 "고맙다"고 말을 주고받으려고 하고 있다. 하루에 50번 정도는 "고맙다"고 말한다. "신문을 가져왔어", "고마워." "2층 불을 켰어", "고마워." "석유난로에 기름이 떨어져서 넣었어", "고마워." 이런 식이다.

Q. 은퇴 후 취미는 지금까지의 삶과 전혀 관계없는 게 좋다는 대표의 은퇴 취미론이 흥미롭다.

A. 직장인으로 일하는 동안은 상사나 동료들과 어울려야 하기 때문에 골프든 노래방이든 뭐든 따라 하면서 어떻게든 잘해낼 수 있었다. 그러다 보면 '취미생활은 때가 되면 언제든 뭐든지 할 수 있다'고 착각하게 된다. 그런데 은퇴 후 평소 경험하지 않았던, 또는 그동안 나와 인연이 전혀 없었던 취미를 갖게 되면 오롯이 남에게 배워야 한다. 남에게 무언

가를 배우는 처지에 놓이면 독선적이고 잘난 척하는 밉상 아저씨가 되지 않기 위해 노력해야 한다는 것을 절실히 깨닫게 된다.

Q. "돈으로 시간을 사지 말고 시간으로 돈을 사는 생활을 하라"고 조언했는데, 어떤 뜻인가?

A. 현역 시절에는 시간의 여유가 없기 때문에 비용이 많이 들더라도 편리하고, 또 남이 해주는 서비스를 이용했다. 그런데 은퇴 후에는 시간이 넉넉하기 때문에 남아도는 시간을 이용해서 무엇이든 스스로 하려는 것이 중요하다. 저렴한 서비스를 찾는 것이 좋다는 이야기다. 구체적으로는 도서관에 가서 책을 읽거나 평일에 지역 공공기관이 제공하는 서비스나 이벤트를 이용하는 것 등이 있다.

Q. 일본 정부도 지역 커뮤니티, 지역사회 참여의 중요성을 강조하고 있는 것으로 알고 있다. 지역 데뷔 등 지자체 퇴직자를 위한 프로그램도 많은데, 일본의 은퇴자들은 지역사회에 잘 참여하고 있는가?

A. 사람마다 다르지만 전체적으로는 그다지 잘 참여하고 있다고 생각하지는 않는다. 가장 큰 이유는 평생 회사 조직의 일원으로 사는 데에 익숙해져서 지역사회의 일원이 되는 것에 대해 위화감을 느끼기 때문이다. 한술 더 떠 자존심이 너무 강하기 때문이라고 생각한다.

Q. 퇴직 후 지역사회에 잘 적응하는 것이 중요하다고 한다. 은퇴자가 지역사회에 잘 참여할 수 있는 방법이 있을까?

A. 지역 활동에 적극적으로 참여하는 것은 좋지만 현역 시절 회사에서의 지위를 휘두르는 일은 절대 해서는 안 된다. 지역 활동에 데뷔한다면, 자신이 신입사원이 됐다는 마음가짐으로 임해야 할 것이다. 그것이 어렵다면 아예 지역 활동에 참가하지 않는 것이 좋다고 생각한다.

일본 고령사회 소설가
가키야 미우

2019년 1월 4일

퇴직하면 다 똑같은 처지, 사람됨으로 승부해야 한다

《70세 사망법안, 가결》을 쓴 일본 소설가 가키야 미우垣谷
美雨. 미스터리 추리소설부터 판타지, 현대 사회풍자까지 장르
와 소재를 넘나들며 폭넓은 작품세계를 보여주는 그녀는 복
잡한 사회 문제를 날카로운 시선과 생생한 인물 묘사로 조명
해 일본뿐만 아니라 우리나라에서도 인기가 높다. '혐노嫌老'
라는 말까지 등장한 초고령사회 일본을 그녀는 어떻게 바라
보고 있을까.

그가 세상에 던지는 모티브는 다소 과격하다. '70세 사망

법안', '사후死後 이혼', '마음 정리 전문가' 등. 하지만 가키야 미우의 소설은 매우 일상적이다. 부모 간병, 노후 자금, 퇴직 후의 부부 관계 등 초고령사회를 살아가는 보통 사람들의 고민들을 허심탄회하게 풀어낸다. 그의 이런저런 생각이 듣고 싶어 메일로 인터뷰했다.

Q. 1972년 일본에서 작가 아리요시 사와코의 소설 《황홀한 사람》이 출간 돼 큰 사회적 반향을 일으켰다. 가족 문제로만 봉인돼왔던 치매 부모 의 간병 문제를 공개적인 사회 이슈로 드러낸 이 작품은 심적 불편과 공감이라는 이중적인 반응을 낳았다. 《70세 사망법안, 가결》도 초고령 사회의 '끝이 보이지 않는 간병'에 대한 민감한 사회적 고민을 공개적으 로 제기했다는 생각이 든다. 독자의 반응이 어땠는지 궁금하다.

A. 내가 중학생이었을 때 아리요시 사와코의 《황홀한 사람》을 읽고 쇼 크를 받았던 기억이 지금도 선명하다. 내가 쓴 《70세 사망법안, 가결》 의 신문 광고를 보고 출판사에 항의 전화를 걸어온 사람들이 있었다고 들었다. 하지만 작품을 읽은 사람들에게서 공감의 목소리도 많은 것 으로 알고 있다. 그중에서도 기한이 정해진 인생을 산다면 경제적인 불 안감이 없어져 좋을 것 같다는 의견이 많다고 한다. 앞으로 남은 인생 이 10년이라면, 1년에 얼마, 이런 식으로 계산이 딱 떨어지는 생활이 가 능해 노후 생활에 대한 불안에서 해방될 수 있기 때문이 아닐까. 자신 이 병들어 눕거나 치매에 걸렸을 경우 안락사를 원하는 사람이 많은

걸 보면, 경제적 불안 말고도 치매나 병으로 오랜 세월 가족에게 폐를 끼치게 될지 모른다는 불안감도 큰 것 같다.

Q. 《당신의 마음을 정리해 드립니다》,《며느리를 그만두는 날》 등의 작품 에는 고령사회가 낳은 가족 관계의 변화에 대한 고민이 담겨 있다.

A. 일본은 아직까지도 남존여비 사상이 강해 며느리에게 희생을 강요하 는 경향이 생활 깊숙이 남아 있다. 특히 시골은 그런 경향이 강하다. 일 본은 저출산의 영향으로 개호시설과 개호介護 인력 부족 현상이 심각 하다. 그래서일까, 정부가 노인 간병은 자택에서 알아서 해결하자는, 시대착오적인 방침을 주장하고 있다. 집에서의 노인 간병은 누가 감당 하나. 일반적으로 가족 중에 가장 먼저 간병을 필요로 하게 되는 사람 은 조부이고, 그의 처 다시 말해 조모가 건재하다면 간병을 맡게 되는 것이 순리이다. 이른바 '노노개호老老介護'라는 것이다.

조부가 사망하고 수년에서 십수 년이 흘러 이번엔 조모가 병들어 자리 에 눕게 되면 그 간병은 며느리나 딸이 해야 한다. 딸이 결혼해 멀리서 살면 대부분 간병은 며느리 몫이 된다. 며느리도 딸도 없고 독신인 아 들밖에 없어 그 아들이 회사를 그만두고 부모 간병을 하는 경우도 최 근 심심찮게 볼 수 있다. 부모의 연금에 의지해 부모·자식이 함께 생활 하면서 아들이 자기 부모를 학대하는 케이스가 많은데 이것이 살인사 건으로까지 이어지는 경우도 있다.

이처럼 누군가의 희생에 의해 이루어지는 간병이 많다는 것이 간과할 수 없는 현실이다. 정부도 방침을 계속해서 내놓고 있다. 자택에 헬퍼를 파견하는 제도를 만들고 주간에만 개호시설에 맡길 수 있는 데이 서비스나 숙박 가능한 쇼트 스테이 등이 있다. 이것들 모두가 장기간 지속되면 서민에게는 만만치 않은 경제적 부담을 안겨준다. 어쨌든 간병이 필요한 노인이 있는 집은 여러모로 힘들 수밖에 없다.

임금이 낮은 파견사원은 경제적 부담 때문에 부모를 요양시설에 맡기기 어렵다. 끝이 보이지 않는 데이 서비스나 쇼트 스테이 요금도 결국 부담이 되기 때문에 아들 자신이 아예 회사를 그만두고 집에서 부모 간병을 도맡아 하는 것이다. 그렇게 해서 부모가 사망하면 연금이 끊기게 되고 아들은 살길이 없어진다.

내가 생각하는 이상적인 가족상은, 누군가 한 사람에게 부담 지우는 것이 아니라 모두가 골고루 부담을 안고 조금씩 인내하며 돕는 모습이다. 여기에 공적기관의 서비스가 더 많아졌으면 한다는 생각이다.

Q. 작가님의 작품 제목들을 보면 충격요법을 통한 사회적 환기 방식을 자주 활용하는 것 같다. 없지만 있을법한 기발한 소재를 활용하는 것도 인상적이다. 작품의 모티브를 주로 어디에서 가져오는가?

A. 평상시 안테나를 바짝 세우고 있다. 신문에 실린 인생 상담 코너나 다큐멘터리 프로그램, 친구가 들려주는 주변 지인들의 이야기에서 힌트를 얻거나, '만일 이러이러한 법률이 제정된다면 우리 생활이 어떻게 변할까' 하는 망상을 부풀리면서 시작되는 경우가 많다.

Q. 《70세 사망법안, 가결》에 등장하는 다카라 시즈오(58세)는 70세 사
  망법안이 가결되자 바로 퇴직하고 세계일주 여행을 떠난다. 정년을 앞
  둔 일본 샐러리맨들은 퇴직 후 가장 하고 싶은 일이 해외여행인가? 배
  우자를 두고 친구와 해외여행을 떠나는 점도 특이한데, 소설에서만
  그런지 아니면 실제로 그런 일이 자주 있는지도 궁금하다.

A. 가장 하고 싶은 일은 사람마다 제각각 아닐까. 특별히 해외여행이 인기
  가 있는 것은 아니다. 다만 일본 직장인들은 장기간 휴가를 쓰는 것이
  쉬운 일은 아니기 때문에 정년퇴직하면 기간에 구애받지 않고 해외여
  행을 하고 싶어 하는 이들이 많은 것 같다.
  일본의 남편뿐인지 아니면 세계 모든 남편들이 그런 것인지 모르겠지
  만 남편이라는 사람들은 가정 내 간병과 같은 번거롭고 힘든 일을 태
  연하게 외면해버리는 경향이 있다. 그나마 지금의 20, 30대는 남녀평
  등 의식이 있어 가정적인 남편이 늘어나는 추세이지만.
  도심에 사는 회사원들은 전원생활을 동경하는 사람이 많고 실제 퇴직
  후 시골로 이주하는 사람도 있다. 아내 입장에선 도심의 편리한 생활
  을 버려가면서까지 굳이 시골로 이주해야 하나 싶은 경우가 많다. 새
  로운 이웃과 사귀어야 하고 낯선 지역 이곳저곳에 적응해야 하는 번
  거로움이 모두 아내 부담인 데다 남편은 아무런 도움이 되지 못할 거
  라는 게 이주 전부터 불 보듯 눈에 빤히 보이기 때문이다. 이런 이유로
  부부가 시골과 도심에 각각 따로 거주하는 별거 형태가 늘고 있다.

Q. 《70세 사망법안, 가결》에서 도요코의 딸 모모카는 할머니 병시중이 싫어 독립해놓고, 아이러니컬하게도 노인요양원에서 요양보호사로 일한다. 실제 일본에서는 젊은이들도 노인 부양과 관련된 일에 많이 종사하고 있는가? 그리고 요양보호사의 급여 수준이 낮은 것 같은데 젊은 요양보호사들의 일에 대한 만족도가 어떤지 궁금하다.

A. 요양보호사는 급여가 낮을 뿐 아니라 체력적으로도 상당히 힘든 직업이다. 스스로 원해서 그 직업을 택한 사람은 많지 않다. 야간에는 단 두 명의 직원이 몇십 명이나 되는 노인의 수발을 들지 않으면 안 된다. 남성 치매 노인 중에는 여성 직원을 성희롱하는 사람도 많아 사회 문제가 되고 있다. 이런 여러 가지 이유로 많은 직원이 장기근속하지 못하고 바로 그만둬버려 늘 일손이 부족한 실정이다.

이런 현상에 대비해 몇 년 전부터 필리핀인을 교육시켜 일본으로 불러들이고 있다. 필리핀 여성은 대체로 성실하고 성격이 온화해 평판이 좋은 편이지만, 일본어 습득에 어려움을 많이 겪는다고 한다.

일본에서는 보육사 자격이 있음에도 그와 상관없는 일에 종사하는 여성이 많은데, 이것 또한 요양보호사와 같은 이유에서다. 체력적으로 힘들고 사람의 생명과 관련한 책임 부담을 져야 함에도 불구하고 급여가 너무 낮다는 거다.

지금의 일본은 저출산으로 인한 일손 부족 현상이 심각하다. 편의점 아르바이트 등으로도 시급 1,000엔 이상을 받는데 요양보호사를 힘들게 계속할 이유가 없지 않겠나.

Q. 소설 《며느리를 그만두는 날》을 보면, '사후 이혼'을 소재로 해서 쓴 작품인데, 일본에서 '사후 이혼' 문제가 일어나는 배경과 작가님의 생각을 듣고 싶다.

A. 남편이 죽은 뒤에도 그 집안의 며느리로서 시부와 시모를 계속 보살펴야 하는 풍조를 비판한 이야기다. 누구에게나 행복하게 살 권리가 있음에도 이제는 혼자가 된 며느리를 죽은 남편의 집안에 옭아매는 것은 이타적인 인간이 할 일은 아니라고 생각한다.

내 며느리는 누군가의 귀중한 딸이다. 내 맘대로 해도 되는 집안 일꾼이 아니다. 누구든 스스로 행복을 추구할 권리는 있다. 다만 이야기 마지막에 며느리가 시모를 도와주는 장면이 나오는데, 이것은 가족으로 인연을 맺었던 정을 생각해 무리하지 않는 범위에서 죽은 남편의 모친을 위해 도움의 손길을 내미는 것은 어떨까 하는 제안을 해본 것이다.

이 소설을 읽고 강렬하게 공감해준 쪽은 여성들이었다. "며느리가 너무 냉정하다"는 비판을 보내오는 남성 편집자들이 있었는가 하면 실제 이런 법이 있었는지 미처 몰라 놀랐다는 남성도 적지 않았다. 일본에서는 출판사라는 곳이 엘리트, 지적집단이라는 인식이 있어 의식이 상당 부분 진취적임을 감안할 때 남성과 여성의 의식차가 이렇게 벌어져 있었나 새삼 놀랍기도 했다.

은퇴한 남편 뒤치다꺼리하기를 좋아하는 아내는 없다

Q. 소설《노후 자금이 없습니다》에서는 노후 자금에 대해서 고민하는 중
   장년 여성들의 삶을 디테일하게 그려놓은 것 같다. 일본의 중장년 여
   성들이 노후에 대해 가장 고민하는 문제는 무엇인가? 그들이 경제적
   으로는 어떤 수단을 통해 노후를 준비하고 있는지도 궁금하다.

A. 시대적으로 현재 50세 이상의 여성이면서 정사원이나 전문직으로 일
   하는 사람은 얼마 되지 않는다. 파트타임으로 일하면서 조금씩 저축
   해가는 사람이 많다. 물론 일하지 않아도 되는 부잣집 사모님들은 제
   외하고.
   예금이 얼마 있어야 노후 자금 걱정을 하지 않을까…. 누구나 고민하
   는 문제다. 나는 몇 살까지 살까, 몇 살까지 건강한 몸으로 있을 수 있
   을까, 고액의 치료비가 드는 병에 걸리지는 않을까, 꺼내자면 걱정은
   끝이 없다. 그렇기 때문에 설령 많은 예금을 가지고 있어도 해외여행
   등으로 여기저기 써버려도 괜찮은지, 장래를 위해 절약하는 생활을 해
   야 하는 건 아닌지 이런저런 걱정뿐이다.
   결국 60세, 70세, 80세가 되어도 노후에 대한 걱정은 끊이지 않는다.
   내 기억으로는 20여 년 전만 해도 백세 이상 살아 있는 사람이 드물었
   지만 지금은 일본에만 10만 명이나 있다. 이런 뉴스를 접할 때마다 나
   자신도 장수해서 세상이 변해가는 모습을 보고 싶다는 마음과 늙고
   병들어 몸을 가누지 못할 때까지 살면 어떡하나 하는 생각에 마음이

동요하는 건 어쩔 수 없다. 내 소유의 집이 있고, 남편이 받는 연금도 많고, 충분한 예금이 있고, 자녀들도 독립한 그러한 여성이 아니고서야 진정한 마음의 안녕을 꾀하기는 쉽지 않을 것 같다.

Q. 여성작가로서 여성의 입장, 특히 중년 여성의 눈높이에서 그려진 작품들이 많다. 여성 입장에서 봤을 때 고령화하는 남성들의 모습에 대한 단상은? 특히 단카이 세대라 불리는 일본의 베이비붐 세대, 일본의 고도 성장기를 함께해온 '일벌레 회사인간'들이 맞게 될 노후에 대한 감상은 어떤가?

A. 아내 입장에서 남편의 퇴직은 심각한 고민거리다. 남편이 계속 집 안에 머물게 되면 남편의 점심도 챙겨야 한다. 아내도 이제는 나이가 들어 남편의 개인적인 일에 사사건건 휘둘리는 것은 정말 피곤하다. 도심에 사는 단카이 세대 여성은 전업주부가 압도적으로 많은데, 이들은 이념적으로도 비교적 자유로워 지나온 결혼생활에서 느꼈던 남편에 대한 원망이 클 거라 생각한다. 아내의 의견에는 아예 귀를 닫고, 업무다 주말골프다 늘 바깥으로만 눈을 돌리고 있던 보수적인 남편을 향한 불평·불만은 상상 이상일 것이다.

그때 남편이 도와주지 않아서, 내 심정을 몰라줘서 힘들었다, 분하다는 등등의 오래 묵은 감정이 그대로 쌓여 있는 것 같다. 이런저런 연유로 아내들은 남편과 함께 행동하는 것을 싫어하는 성향을 보인다. 여행은 여자 친구들과 함께하는 게 몇 배 더 즐거운 듯, 여행지에서나 지역에서 여성들만의 그룹을 목격하는 일이 어렵지 않다. 남편과의 여행도 좋지만 집을 떠나서까지 남편의 뒤치다꺼리를 해야 한다면 가고 싶지 않은 것이 당연하지 않은가(참고로, 단카이 세대보다 12~14세 어린 내 동기 세대는 그 정도까진 아닐지도 모르겠다). 또 통계로 확인된 것은 아니지만 외국인 남성과 결혼하는 일본인 여성이 최근에 더 늘고 있지 않나 하는 생각이 든다.

Q. 일본에서는 '젖은 낙엽족', '회사인간' 등 여성에 비해 인생 제2막에 적응하지 못하는 남성들을 묘사하는 표현이 많은 것 같다. 여성으로서 그리고 저자로서 남성들에게 노후 준비를 위해서 꼭 필요한 마음가짐에 대해 어떤 조언을 해주고 싶은가?

A. 생활 전반이 지역에서 이루어지는 아내와는 달리 남편은 그저 집과 회사를 왔다 갔다 하며 특별한 취미도 없는 경우가 대부분이다. 그런 남편이 퇴직하고 하루 종일 하는 일 없이 집 안에만 있으니 아내의 행동이나 씀씀이에 이런저런 간섭을 하게 된다. 이것이 원인이 되어 이혼까지 가는 부부도 적지 않다.

남편은 자기 주변은 알아서 해결할 수 있도록 집안일을 배우고 자기만의 생활을 가져 아내의 생활에 과하게 간섭하지 않도록 자립하는 것이 좋다. 물론 평생 집안일이라고는 해본 적이 없는 남편 입장에서 결코 쉬운 일은 아니다. 본인의 의지가 정말 강하다면 모를까 대부분의 남성이 집안일을 한다는 것에 저항감을 느끼는 것은 어쩌면 당연하다.

요즘은 찾아보면 집안일이나 요리 방법을 보여주는 동영상도 얼마든지 있다. 조금씩 천천히 노력하는 자세가 중요하다고 생각한다.

대기업에서 출세 가도를 달리던 사람도 일단 퇴직하면 다 똑같은 처지가 된다. 퇴직하면 그 직위도 함께 사라진다. 취미 동호회나 지역 이웃 간 회합하는 자리에서 누가 묻지도 않았는데 '○○대학 출신'이라든가 '○○기업 부장이었다'든가 하는 얘기를 들먹이며 자랑에 열중하는 사람은 아무도 좋아하지 않는다는 사실을 명심해야 한다. 직함이 없다면 사람됨이나 성격으로 승부할 수밖에 없다.

Q. 단카이 세대를 뉴실버, 액티브시니어 등으로 칭하고 있다. 2005~ 2007년에 퇴직을 시작했으니 벌써 노후 생활 10년 이상이 되는 베테랑들인 셈이다. 단카이 세대는 기존 세대와 달리 자신들만의 새로운 고령문화를 만들어가고 있는가?

A. 새로운 라이프스타일을 구축한다는 것이 그리 간단한 일은 아니라고 생각한다. 도서관에 가보면 노년 남성들이 정말 많이 있다. 갈 곳이 없는 데다 특별한 취미도 없어 아침부터 도서관이나 찻집에 삼삼오오 모여 있는 남성들을 쉽게 볼 수 있다. 직장생활에서 해방되어 자기만의 생활을 갖고 자유를 만끽하는 사람들도 있겠지만 아직까지는 소수에 불과하다.

Q. 초고령사회에 대해, 특히 일본의 고령화 상황에 대해 물어보겠다. 먼저 단도직입적으로 묻고 싶다. 작가님은 고령화(집단 장수)가 축복이라고 생각하는가, 재앙이라고 생각하는가?

A. 건강한 몸과 어느 정도의 재력이 있다면 축복이겠지만, 그것을 제하면 장수는 고난이라 생각한다.

Q. 4명 중 1명 이상이 65세 이상 고령자인 일본이다. 세계 최장수 국가이다. 일본 사회가 고령화로 노인들에 대한 사회 인식이 바뀌어 가고 있는가? 바뀌고 있다면 어떻게 바뀌고 있는가?

A. 유교 사상이 강했던 옛날에는 노인을 공경하는 풍조가 있었지만, 지금은 사회의 걸림돌 취급을 하는 경향이 있다. 지금의 고령자들은 많은 연금을 받고 의료비 부담도 적어 일본 사회의 큰 짐이 되고 있다. 이런 여러 가지 이유로 생겨나는 노인 경시 풍조가 염려된다.

Q. 21세기에 들어와 세계적으로 고령자에 대한 인식, 고령화에 대한 인식이 '혜택'에서 '짐(부담)'으로 빠르게 옮아가고 있는 것 같다. 역사적으로도 경제적 형편이 좋을 때는 특정 계층의 사회적 부담에 대해 관대하다가 경제 사정이 어려워지면 부담에 매우 까칠해지는 것은 인지상정인 것 같다. 일본도 장기 불황 속에서 고령자들로 인한 비용 부담에 사회 전체가 예민해진 것으로 안다.

A. 맞다. '혐노嫌老'라는 말까지 생겨났다. 젊은이들은 자신이 노인이 됐

을 때 받게 될 연금액이 지금에 비해 훨씬 적어질 것을 알고 있다. 그럼에도 왜 지금, 풍족하게 살고 있는 노인들을 위해 자신의 얼마 안 되는 급여에서 연금보험료를 떼 부담해야 하는가에 대한 불만을 품는 젊은이가 많다.

Q. 고령자의 사회적 부담에 대한 담론은 결국 고령자들을 떠받치는 현역 젊은 세대들의 부담에 대한 논의로 이어지기 마련이다. 앞에서도 말했듯이 현역 세대들이 물심양면으로 여유가 없다면 이 문제는 결국 세대 간 갈등으로 이어질 수밖에 없다고 생각한다.

A. 맞는 말이다. 젊은 세대가 져야 할 부담을 피해 갈 수는 없다. 이것이 세대 간 갈등으로 이어진다고 생각한다.

Q. 고령사회의 빛과 그림자를 이야기할 때 '빛'이라는 측면에서는 보다 여유가 있고 사회적 경험과 지혜가 풍부한 사회 구성원들이 다수가 되면서 사회를 안정적이고 타협적인 방향으로 이끌어갈 것이라는 긍정론을 들곤 한다. 이에 대해 어떻게 생각하는가?

A. 그런 면도 있을 수 있겠다. 하지만 그 반대 측면이 더 많지 않을까 하는 게 개인적인 생각이다. 가령 직장에서 '그 상사만 아니라면 이번 일이 훨씬 잘 진행될 텐데' 하는 경우가 많지 않을까. 낡은 사고방식을 강요하거나 완고한 상사 때문에 제대로 의견을 말하지 못하거나 능력을 펼칠 수 없다고 생각하는 젊은이가 상당히 많을 것이라고 생각한다.

일본에는 '노해老害(민폐 노인)'라는 상당히 노골적인 용어도 있다. 젊은이 입장에서 퇴직 후에도 회사에 계속 남아주었으면 하는 상사는 정말 극소수에 불과하다고 생각한다. 그 분야의 두뇌와 기술을 겸비하고 창의적이기까지 한, 게다가 후배들에게 호감을 주는 인격자 말이다.

Q. 그와 반대로 생물학적으로 볼 때, 노화된 무리의 사회적 역할은 '0'으로 수렴될 수밖에 없다. 수렴되지 않고 버티면 그만큼 사회적 부담으로 작용될 수밖에 없다. 그러므로 스스로 가지치기를 하는 것이 현명하다는 부정론이 있다.

A. 인간은 누구나 언젠가는 늙고 죽는다. 아기를 낳아 기르는 것이 정말 힘든 일이듯 노인 또한 그리 간단하게 죽지 않는다. 갑작스러운 사고나 심장발작이 아니고서야, 누구든 길든 짧든 누워서 일정 기간 누군가의 수발을 받아야 한다. 이런 사실을 부정한다면 정말 살벌한 세상이 될 것이다. 노인뿐만 아니라 신체장애를 가진 사람에 대한 차별로 이어질 수도 있다. 약자를 보살필 수 있는 사회가 되어서야 비로소 선진국이라고 할 수 있지 않을까.

하지만 네덜란드처럼 안락사를 인정하는 사회가 되기를 바라는 사람이 많은 이 시점에서 향후 검토되어야 할 과제로서 논의가 이루어지길 바란다.

품격 있는 노후를 위해 필요한 것은 종활이다

Q. 일본 못지않게 아시아에서도 한국을 비롯해 중국, 싱가포르, 대만 등은 매우 빠른 속도로 고령사회, 초고령사회를 향해 달려가고 있다. 그런 면에서 일본은 고령화 선배임은 분명하다. 선배들은 후배들에게 자신들의 시행착오를 전달해줄 책임이 있다고 생각한다.

A. 선배라고 해서 언제나 능력이 많고 모범적이진 않다. 반면교사가 되는 경우도 많이 있지 않나. 일본 역시 고전하고 있다. 진짜 문제는 고령화가 아니라 저출산이다. 이는 인구 피라미드 형태가 무너진 데에 결정적 원인이 있다. 예나 지금이나 인간은 나이를 먹는다. 인간의 노령화는 문제가 되지 않는다.

한국, 일본, 이탈리아. 다음은 출산율이 낮은 나라들이다. 이들 세 나라의 공통점은 여성이 살기 힘들고 집안에서 며느리의 부담이 너무 크다는 것이다. 여성이 쉽게 아이를 낳아 기를 수 있는 사회를 만드는 것이 급선무다. 하지만 일본은 손쓰기에 이미 늦었다. 현재 아이를 낳을 수 있는 연령의 여성 인구 수가 적어 이들이 모두 두 명의 아이를 낳는다고 가정해도 일본의 인구가 감소세로 돌아선 것을 막지 못하는 것이 현실이다. 아이를 낳지 않겠다, 결혼하지 않겠다, 남성의 노예가 되지 않겠다는 여성이 늘어나는 풍조는 아직 일본에 만연해 있는 남존여비 사상에 조용히 반격하는 면이 없지 않나 하는 생각이 든다.

일본의 젊은 부부들은 전업주부가 격감하고 맞벌이가 급증하는 추세다. 더불어 돈 관리를 각자 하는 맞벌이 부부가 주류를 이룬다고 한다. 생활비를 각자 추렴하는 형태다. 이에 반해 아직도 육아나 가사 부담의 대부분을 여성에게 떠안기는 경향이 강해, 이러한 현실을 감안해 결혼하지 않으려는 젊은 여성이 많은 것 같다. 일본 남성의 일하는 시간이 너무 많다는 점도 원인이겠지만, 역시 여성을 아래로 보는 경향이 크게 작용하고 있다는 생각이다.

Q. 결국 고령사회의 해법은 '플러스(+) 성장'이라는 발전의 관념에서 탈피해 '밸런스(±) 성장'이라는 분배 중심적 구조로 갈 수밖에 없는 것인지? 아니면 4차 산업혁명 기술과 능력 있는 고령자의 접속을 통해 새로운 성장모델을 만들어갈 수 있는 것인지 모르겠다.

A. 정말 어려운 질문이다. 경제학자라도 정답을 내놓지는 못할 것 같다. "2011년에 입학한 미국 초등학생의 65%는 대학 졸업 후 지금은 존재하지 않는 직업에 종사할 것이다." 미국 듀크 대학 캐시 데이비드슨 Cathy Davidson 교수의 말이다.

내가 젊었을 때 개·고양이 미용실이나 네일숍, 이런 것들은 일시적인 유행으로 금방 사라질 거라 생각했었다. 하지만 이것들은 지금 어엿한 직업으로 자리 잡았다. 이 외에도 컴퓨터 관련 직업을 비롯해 내가 어려서 듣도 보도 못했던 직업들이 셀 수 없이 많이 생겨났다. 분명 캐시 교수의 분석도 현실이 되지 않을까.

결국 4차 산업혁명으로 개발되는 기술이나 물건은 지금 현재로선 상상할 수 없는 그런 것들일 가능성이 높다. 별 이변이 없는 한 중국의 기술은 점점 발전해 세계 최선단에 설 것이다. 다음으로 동남아시아, 아프리카나 중동 등을 거쳐… 이렇게 발전에 발전을 거듭해 지구 한 바퀴를 돌면 세계 어느 나라 사람이든 생활 환경이 극적으로 바뀔 것이다.

이런 발전이 지구 한 바퀴를 도는 데에 가령 백 년이 걸린다고 한다면, 그 사이에 이미 선진국이었던 나라들은 계속해서 개발도상국으로부터 단물을 빨아먹으려 할 것이고… 이것들이 모두 종료된 후의 세계는 나도 상상하기 힘들지만, 이러한 과정 속에서 진정한 밸런스를 찾지 못한다면 지구는 참 비참한 모습으로 남게 되지 않을까. 어떻든 간에 인종차별이나 성차별은 끈질기게 남을 것이고 사회 격차 문제 또한 해결되지 않는다고 한다면 미래에 대한 희망을 품기 어려울지도 모르겠다.

다만 희망이 하나 있다면, 교육 수준의 상승이다. 전 인류가 도덕적으로 사람을 차별하지 않고 서로 손을 맞잡고 행복을 추구하는 그런 이상향은 어릴 때 받는 교육에 의해서만 실현 가능하다고 생각한다.

Q. 고령자로 진입하는 한국의 '고령자 예비군'에게 똑똑한 노후를 위해 준비해야 할 것들, 그리고 품격 있는 노화를 위해 필요한 것들에 대해 작가님의 비책을 들려주길 바란다.

A. 여기서 품격이란 교양 있고 항상 온화함을 잃지 않는 인격자의 이미지를 말하는지 궁금하다. 개인적으로는 그것보다 주위에 폐를 끼치지 않는 사람이 되는 것이 가장 중요하다고 생각하기 때문에 최근 일본에

정착하고 있는 종활에 대해 얘기하겠다.

종활이란 인생의 마지막을 준비하는 모든 활동을 말한다. 실제 서점에 가보면 종활을 위한 '엔딩 노트'라 부르는 여러 종류의 노트를 팔고 있다. 최근 일본에서는 부모가 죽고 그 집을 정리하는 데 상당히 애를 먹는 사람들이 급증하고 있다. 전후 고도 성장기를 맞은 일본은 급격하게 부유해졌다. 1960년대에는 거의 모든 집이 TV, 냉장고, 세탁기 등의 가전제품을 갖췄고 1970년대가 되면서 전자레인지, 자가용, 냉방 시설 등이 더해졌다. 동시에 가구나 식기, 옷들이 수도 없이 늘어났다. 일본은 국토의 70%가 산으로 인간이 살 수 있는 토지가 한정되어 있어 모두 알다시피 대부분의 집이 비좁다. 그럼에도 틈만 나면 물건을 사들였다. 그렇게 살아온 부모 세대의 집을 정리하는 일이 지금 심각한 문제가 되고 있다.

일본에서는 약 20년 전부터 불필요한 물건을 버리고 최소한의 것으로 사는 라이프스타일이 유행하기 시작했다. 최근 이것을 '단샤리断捨離' 운동이라 부르고 있다. 또 미니멀리스트라고 하는, 물건을 극단적으로 최소화한 생활을 추구하며 즐기는 사람들이 나타나 그런 생활 방식이 심플하고 멋지다는 인식도 생겼다. 지자체마다 쓰레기 처리 방식을 깐깐하게 규제하고 있어 물건을 버리는 데 적지 않은 돈이 드는 것도 사실이다.

노인이 죽기 전에 신변 정리를 마무리하는 것이 지금 일본에서 강하게 요구되는 분위기다. '모친이 돌아가셨을 때 테이블 위에 루비 반지 하나만 달랑 놓여 있었다. 그 외에 기모노나 양장, 핸드백 등은 살아계실 때 모친이 직접 친구나 주변 지인에게 선물하거나 버려줘서 우리 자식들 수고를 한결 덜 수 있었다. 재산 목록, 은행 계좌도 엔딩노트에 잘 정리해두어서 법적인 상속 문제를 쉽게 해결했다.' 이런 준비가 돼 있다면 한창 일할 나이의 자식들에게 많은 도움이 되지 않을까.

문제는, 절대 물건을 못 버리는 부모가 많다는 점이다. 80세 이상의 노인은 전쟁 중이나 전후에 변변하게 먹지도 못하고 궁핍하게 살았던 경험 때문에 물건을 버리지 못한다. '쓰는 사람도 필요한 사람도 없는데 죽어서 가져갈 것도 아니라면 지금 버려야지…' 이렇게 몇 번이고 부모를 설득하지 않으면 안 된다. 무엇이든 풍족한 환경에서 자란 나 같은 50대는 무언가를 버리는 데 아무런 저항감이 없어 부모 세대의 마음을 이해하지 못하고 언성을 높이는 일이 종종 있다. 한국은 어떤지 궁금하다.

Q. 마지막으로 《70세 사망법안, 가결》을 비롯한 작가님 작품의 한국 독자들에게 멋진 노년을 위한 한 말씀 부탁드린다.

A. 한마디로 시대에 뒤떨어지지 않는 감각을 갖도록 노력하는 것이 중요하다고 생각한다. 일본의 50대 이상인 사람들 가운데 아직 구형 폴더폰을 쓰는 사람이 많다. 스마트폰은 월 요금이 비싸다는 이유도 있지만, '이 나이에 새로운 것에 적응하는 것이 힘들고 귀찮다'는 이유로 자처해서 시대에 뒤처지는 사람이 많은 것이 사실이다.

또 80세 이상이 되면 은행 현금자동입출금기를 사용할 줄 몰라 때마다 은행 창구에 부탁해야 하고 휴대전화를 가지고 있더라도 통화 기능밖에 사용할 줄 모르는 사람이 많다. 시골에 살고 있는 내 어머니는 85세의 연령임에도 휴대전화 문자 메시지를 사용할 줄 안다. 이것만으로도 내가 연락을 취하기가 얼마나 수월한지 모른다.

한국은 IT 선진국이라는 이미지가 강하다. 그래서 더더욱 시대에 뒤처지는 고령자들이 많이 있을 거라는 생각이 든다. 시대감각이 뒤떨어지는 노인은 자녀 세대나 손주 세대와 소통하기가 힘들다. 항상 세상 돌아가는 일에 관심을 갖고 감각이 뒤떨어지지 않도록 노력하는 것이 좋다. 건강 유지를 위해 운동이나 식생활에 힘을 쏟는 것도 중요하지만, 취미를 갖고 타인의 험담을 하지 않으며 주변 사람의 시선에 신경 쓰지 않고 얼마 남지 않은 자신만의 인생을 누리는 것이 현명하다고 생각한다. 말은 참 쉽지만 말이다.

초고령사회
일본이 사는 법

초판 1쇄 2024년 2월 14일
초판 8쇄 2024년 11월 15일

지은이 김웅철
펴낸이 허연
편집장 유승현

편집부 정혜재 김민보 장아름 이예슬 장현송
마케팅 한동우 박소라 구민지
경영지원 김민화 김정희 오나리
디자인 김보현 한사랑

펴낸곳 매경출판㈜
등록 2003년 4월 24일(No. 2-3759)
주소 (04557) 서울시 중구 충무로 2(필동1가) 매일경제 별관 2층 매경출판㈜
홈페이지 www.mkpublish.com **스마트스토어** smartstore.naver.com/mkpublish
페이스북 @maekyungpublishing **인스타그램** @mkpublishing
전화 02)2000-2632(기획편집) 02)2000-2646(마케팅) 02)2000-2606(구입 문의)
팩스 02)2000-2609 **이메일** publish@mkpublish.co.kr
인쇄 · 제본 ㈜M-print 031)8071-0961
ISBN 979-11-6484-661-0(03300)